ÉCRITS SUR LE QUÉBEC

Louis Hémon

ÉCRITS SUR LE QUÉBEC

Avant-propos et postface
de Chantal Bouchard

Notes et variantes par
Ghislaine Legendre et Chantal Bouchard

Boréal

Les Éditions du Boréal sont inscrites au Programme de subvention globale du Conseil des Arts du Canada.

Conception graphique : Gianni Caccia
Illustration de la couverture : Établissement trappiste de Mistassini, musée McCord

© Les Éditions du Boréal
Dépôt légal : 4e trimestre 1993
Bibliothèque nationale du Québec

Diffusion au Canada : Dimedia
Distribution en Europe : Les Éditions du Seuil

Données de catalogage avant publication (Canada)

Hémon, Louis, 1880-1913

   Écrits sur le Québec

   (Collection Boréal compact ; 52 Classique)
   Comprend des réf. bibliogr.

   ISBN 2-89052-592-9

   1. Québec (Province). I. Titre.

PQ2615.H45E27   1993   844'.912   C93-097346-1

AVANT-PROPOS

Louis Hémon séjourna au Québec une vingtaine de mois en tout. Arrivé à Québec le 18 octobre 1911, il quitta Montréal, à pied, dans les derniers jours de juin 1913. Après un premier hiver à Montréal, il s'établit au Lac-Saint-Jean, de juillet 1912 à avril 1913, pour revenir quelques mois dans la métropole, en attendant que le temps soit assez clément pour entreprendre son ultime voyage vers l'Ouest.

Nous avons réuni dans le présent volume l'ensemble des textes de Louis Hémon portant sur le Québec, présentés dans un ordre chronologique. On pourra donc suivre l'itinéraire de ses découvertes, la succession de ses surprises, de ses impressions et de ses réflexions face à une Amérique imprévue, l'Amérique française.

Son journal de voyage, Itinéraire, *rend compte de la traversée de Liverpool à Québec, puis des déambulations du jeune auteur dans la « vieille capitale », enfin du trajet en chemin de fer jusqu'à Montréal. Ce sont les premières impressions d'un Européen, autant frappé des similitudes avec la France que des dissemblances, observant avec curiosité et sympathie un peuple résistant aux influences anglo-saxonnes.*

Une semaine à peine après son arrivée à Montréal, Hémon publie dans La Presse *un premier article sur « Le sport de la marche », un sujet de prédilection pour lui, grand marcheur et sportif militant. Trois autres articles viendront au cours des semaines suivantes, dans lesquels l'auteur exhorte les Canadiens français à la pratique des sports, estimant que c'est là un excellent moyen pour une nation de se réaliser et peut-être surtout, de se faire respecter.*

Par ailleurs, depuis son arrivée au Québec, Hémon poursuit sa collaboration avec le journal sportif français L'Auto *auquel il donne régulièrement des chroniques depuis plusieurs années. À partir de janvier 1912, il y publie des articles descriptifs sur divers aspects du Québec. Dans « Routes et véhicules », développant un passage d'*Itinéraire, *Hémon dépeint les rues de la capitale et les voitures qui s'y embourbent. Les clubs de raquetteurs de Montréal font ensuite l'objet d'une description enjouée, mais l'auteur reconnaît bientôt, dans «Une course dans la neige» que les raquetteurs peuvent être aussi d'authentiques athlètes. Par la suite, ce sont les bûcherons et les arpenteurs du Lac-Saint-Jean qui peuplent ses croquis, où se mêlent l'amusement et l'admiration pour des gens à la fois pleins de naïveté et d'une résistance exceptionnelle.*

Enfin, on trouvera dans ce volume tous les extraits des lettres de Louis Hémon à sa mère et à sa sœur Marie, dans lesquelles l'auteur parle de la vie qu'il mène au Québec. L'ensemble de ces textes offre un intéressant contrepoint à la lecture du célèbre Maria Chapdelaine, *parce qu'il dévoile la perception qu'un jeune Français curieux, attentif, avide de nouveauté et d'aventure, pouvait avoir au début de ce siècle de ce coin français du Nouveau Monde.*

CHANTAL BOUCHARD

TEXTES

ITINÉRAIRE

DE LIVERPOOL À QUÉBEC

I

Au bureau de la ligne Allan, dans Cockspur Street, un employé présente les deux faces du dilemme d'une manière concise et frappante.

« Pour aller à Montréal, dit-il, vous avez le choix entre deux de nos services : celui de Liverpool et celui de Londres-Le Havre. Par Liverpool la traversée dure sept jours. Sur la ligne du Havre on mange à la française, avec du vin aux repas. La traversée dure treize jours. »

Pour un investigateur professionnel, le carnet à la main, à l'affût des généralisations faciles, c'était déjà là une occasion de contraste à établir, entre la hâte essentielle des Anglo-Saxons et l'indolence de nos compatriotes qui se résignent fort bien à faire la traversée sur un vieux bateau, et à y consacrer deux semaines, pourvu qu'ils puissent jusqu'à Montréal manger à la française, et lamper le Médoc deux fois par jour. Mais après huit ans de Londres les contrastes anglo-français ont perdu leur relief, et les généralisations ne semblent plus aussi faciles ni aussi sûres. Je n'ai songé qu'à peser le pour et le contre.

Treize jours en mer ; c'est tentant. Mais octobre s'avance déjà, et il est bon de se ménager quelques semaines pour aviser, une fois là-bas, avant que ne descende l'hiver — cet hiver canadien qu'on s'imagine si redoutable de loin. Je suis donc parti par Liverpool, quatre jours plus tard.

... Sept jours de mer. Bonne mer, pas assez houleuse pour être gênante, assez pour n'être point insipide. Donc peu de malades ou tout au moins peu de gens qui soient franchement malades ; un assez grand nombre, que l'appréhension bouleverse, conservent pendant toute cette semaine le teint curieusement verdâtre des inquiets, ou bien descendent gaillardement dans la salle à manger, le matin, gais et farauds, taquinent un œuf ou une assiette de gruau, et remontent sur le pont sans attendre la fin du repas ; oh ! sans précipitation ; dignement ; mais en détournant des victuailles leurs narines qui palpitent, et jetant à leurs voisins de table quelque prétexte ingénieux.

Passagers de toutes sortes : pas mal de Canadiens qui ont passé l'été en Angleterre, et rentrent ; plusieurs jeunes Anglais qui font la traversée pour la première fois, envoyés par des maisons de commerce de leur pays ; et quelques autres qui sont partis à l'aventure et bien que ce soit la mauvaise saison. Entre ces derniers un lien subtil semble s'établir. Ils se jaugent l'un l'autre à la dérobée, et songent : « Celui-là a-t-il plus de chances que moi de réussir ? Combien d'argent a-t-il dans sa poche ; c'est-à-dire : Combien de temps pourra-t-il attendre, s'il faut attendre, sans avoir faim ? » Et l'on note les contours des épaules et l'expression de la figure, à moitié fraternellement, à moitié en rival : « S'il ne trouve pas le travail qu'il veut, cet employé à poitrine plate, sera-t-il de taille à faire le travail qu'il trouvera ? »

Car l'optimisme qui est en somme général parmi eux est des plus raisonnables. L'on n'en voit guère qui s'imaginent aller vers un Eldorado magnifique, d'où ils pourront revenir après très peu d'années pour vivre chez eux dans l'aisance. Ils espèrent évidemment réussir là mieux qu'en Angleterre, puisqu'ils sont partis ; mais ils se rendent compte aussi qu'ils y trouveront une lutte plus âpre, un climat beaucoup plus dur, et surtout cette atmosphère de cruauté simple d'un pays jeune qui est en marche et n'a guère le temps de s'arrêter pour plaindre et secourir ceux qui tombent en route, n'ayant pas réussi.

Aussi tel d'entre eux qui a pu s'équiper complètement, payer son passage en seconde classe et garder encore quelques livres en poche a-t-il pourtant quelques minutes d'inquiétude de temps en temps. Installé sur le pont dans sa chaise longue, il regarde la longue houle monotone de l'Atlantique, et songe.

« ... Nous ne sommes guère que trois ou quatre sur ce bateau-ci qui soyons partis à l'aventure. C'est la mauvaise saison... » Et il essaie d'évaluer à peu près tous les « x » du problème ; le froid de l'hiver qui vient ; le vrai grand froid qu'il ne connaît pas encore ; les conditions de vie et de travail dans ce pays nouveau ; les chances qu'il a de trouver de suite ou presque de suite un emploi qui le fasse vivre.

Des phrases des opuscules officiels sur l'émigration lui remontent à la mémoire... « Les ouvriers agricoles et les artisans sont ceux qui doivent aller au Canada, et les seuls qui aient une certitude de réussite... Les hommes exerçant des professions libérales, les employés, etc. etc. auraient tort d'émigrer... »

Les artisans et les paysans, il y en a sur ce bateau, mais en troisième classe ; ceux-là trouveront du travail sitôt débarqués et n'ont aucun sujet d'inquiétude. L'homme appartenant à une de ces diverses classes « qui auraient tort d'émigrer », est au contraire en proie à un malaise ; il se lève et va rejoindre d'autres passagers qui n'en sont pas à leur premier voyage pour leur demander un encouragement indirect.

Négligemment, il interroge : « Aviez-vous quelque chose en vue, vous, quand vous avez traversé pour la première fois ? »

L'un répond « Oui ». Un autre dit : « Non... mais c'était au printemps ; en ce moment c'est la mauvaise saison, voyez-vous ! »

La mauvaise saison... Il n'est pas d'expression plus décourageante ; et la silhouette du continent dont on approche, silhouette contemplée si souvent sur les cartes qu'elle se matérialise automatiquement lorsqu'on y songe, prend un aspect menaçant et hostile. Tous les jeunes gens qui « auraient tort d'émigrer », et qui ont émigré pourtant, s'efforcent d'imaginer quelques-unes des rigueurs qui les attendent ; ils passent en revue tous les métiers divers qu'ils se croient capables d'exercer au besoin ; et ils finissent par se dire qu'ils « se débrouilleront bien », et par s'envelopper douillettement de leur couverture de voyage, pour jouir pleinement de ce qu'ils ont d'assuré : une demi-semaine encore de confort, avec quatre copieux repas par jour qui paraissent importants et précieux à l'approche de toute cette incertitude.

D'autres n'ont aucune espèce d'inquiétude ; ce sont ceux qui ne vont pas au Canada pour réussir, mais simplement pour vivre leur vie « en long et en large » et voir quelque chose qu'ils n'ont pas encore vu. Ils ne s'inquiètent pas, parce que ce qui leur arrivera sera forcément quelque chose de neuf, et par conséquent de bienvenu.

À cinq jours de Liverpool un brouillard épais descend sur la mer, et il commence à faire froid. Un des officiers du navire explique que nous sommes sous le vent du Labrador, et pour tous ceux des passagers qui en sont à leur première traversée rien que ce nom « Labrador », semble faire encore descendre la température de plusieurs degrés.

Nous passerons trop loin de Terre-Neuve pour en voir la côte ; et nous ne croiserons pas d'icebergs non plus, car en cette saison ils ont déjà passé, s'en allant majestueusement vers le Sud, tout au long des mois d'été, fondant un peu tous les jours : un pèlerinage qui est aussi une sorte de lent suicide...

La première terre aperçue est donc l'île d'Anticosti. En bon Français, j'ai toujours mis mon point d'honneur à ne connaître un peu la géographie que des pays par où j'ai passé. J'ignorais donc tout simplement l'existence de cette île, qui a pourtant plusieurs titres de gloire. Elle est à peu près de la taille de la Corse d'abord ; et, au fait, d'où lui vient ce nom de consonance italienne ? Mais, surtout, elle appartient à M. Henri Menier.

La dynastie des chocolatiers s'est montrée infiniment plus moderne et plus avisée que celle des sucriers dans ses acquisitions de territoire. M. Menier n'a pas eu à occuper Anticosti de vive force, il s'est contenté de l'acheter ; j'ignore à quel prix ; mais vu les dimensions de ce lopin de terre, le mètre carré a dû lui revenir à peu de chose. Il ne s'est pas réduit à acquérir l'île ; il y vient assez régulièrement dans son yacht pendant l'été. Anticosti reste naturellement partie du territoire canadien et ressortit donc indirectement au trône britannique ; mais les pouvoirs d'un propriétaire sont vastes, et la légende dit que M. Menier a fait de son île une petite colonie franco-canadienne, d'où les gens de langue anglaise sont poliment exclus. Il y a installé des exploitations de forêts, quelques autres industries et il vient là en czar, lorsqu'il lui plaît, vivre quelques semaines au milieu de son bon peuple et chasser l'ours et le caribou.

Seulement — l'éternelle leçon d'humilité — l'infiniment grand, financièrement et territorialement parlant, est en butte aux persécutions de l'infiniment petit. L'illustre chocolatier poursuit d'année en année une lutte sans succès et sans espoir contre les moustiques et les maringouins, qui sont le fléau des terrains boisés et humides pendant la saison chaude ; et moustiquaires, voilettes de gaze, lotions diverses destinées à inspirer aux moustiques le dégoût de la peau humaine, arrivent à peine à rendre supportable au maître d'Anticosti le séjour de ses terres.

Nous ne voyons, nous, de son île, qu'une interminable côte basse, brune, lointaine, que le brouillard montre et cache comme en un jeu ; puis quand vers le soir le brouillard se lève on s'aperçoit que cette côte a disparu, et c'est de nouveau l'apparence de la pleine mer. Seulement la vue de cette première terre transatlantique, et le souvenir des cartes souvent consultées, nous rend presque sensible la proximité des deux rives du Golfe du Saint-Laurent, rives toujours hors de vue, mais qui se resserrent sur nous d'heure en heure.

Le lendemain lorsque nous montons sur le pont respirer un peu, au sortir des cabines étouffantes, avant le déjeuner du matin, une de ces rives est devenue visible et en quelques heures nous en venons à la longer de tout près.

Elle est plate et nue au sortir de l'eau ; mais bientôt des collines apparaissent à l'intérieur, dont la ligne se rapproche. L'atmosphère un peu enbrumée leur prête une majesté factice, et des lambeaux de nuages qui traînent à mi-hauteur exagèrent complaisamment leur taille, qui n'est que médiocre. Mais il n'en faudrait pas tant pour river l'attention des passagers, qui sont maintenant tous sur le pont et regardent avec une sorte d'intérêt candide. La moindre terre prend un relief saisissant, après une semaine passée sur l'eau ; mais ce qui marque cette terre-ci à nos yeux d'une grandeur émouvante, c'est surtout qu'elle est la terre canadienne, l'avant-poste du continent vers lequel nous allions. Une côte d'une silhouette exactement semblable, vue quelque part en Europe, dans la Baltique ou la mer Noire, n'aurait pas ce prestige ; et je crois bien que cela serait également vrai d'une côte asiatique ou africaine.

L'Amérique reste essentiellement le pays où l'on va tenter sa fortune ; le pays pour lequel on a quitté son pays. Une contrée que l'on visite en passant, ou bien où l'on va habiter quelques années au plus, n'a pas cet abord solennel de terre promise, ni cet aspect d'énigme double des contrées où beaucoup d'hommes viennent vivre pour toujours ou pour longtemps : l'énigme de ce que le continent cache derrière sa frange visible, et l'énigme de la vie qu'il leur donnera. Même aujourd'hui, où la colonisation et le défrichement sont devenus des opérations prosaïques, industrielles, dépourvues de toute aventure, le premier aperçu de la côte américaine dans le lointain réveille chez beaucoup de nous des âmes irrationnelles, anachroniques, d'aventuriers, et nous émeut curieusement. Mais sans doute faut-il pour ressentir cela voyager autrement qu'en touriste, avoir un peu d'incertitude dans sa vie, et se trouver au milieu de gens pour lesquels le passage du vieux continent au nouveau est un coup de dés d'une importance poignante, sur lequel ils ont presque tout joué !

Une des prédictions orgueilleuses que l'on entend et que l'on lit le plus souvent sur le sol canadien est que le XXᵉ siècle sera « le siècle du Canada », comme le XIXᵉ siècle a été celui des États-Unis. C'est bien sans doute en voguant vers Québec ou Montréal que l'on retrouve le plus facilement, et avec le plus d'exactitude, l'état d'esprit des déracinés qui voyaient s'ouvrir devant eux la baie de New York, il y a cent ans. Ceux qui, approchant de cette ville aujourd'hui, regardent grandir

la statue de la Liberté et l'entassement des « gratte-ciel »
ne peuvent que connaître des impressions différentes,
parce que le premier aspect que l'Amérique leur offre est
celui d'une cité entre les cités, et non plus l'aspect
primitif, saisissant, du pays vide qu'ils vont défricher et
remplir.

Le navire qui remonte le Saint-Laurent au contraire,
se rapproche de la rive en arrivant à Rimouski, qui est la
première escale depuis Liverpool et la seule avant
Québec. Un petit vapeur construit en bois, dont la coque
est extraordinairement massive et la proue d'une forme
singulière — afin de pouvoir naviguer l'hiver sur le
fleuve encombré de glaces flottantes — vient chercher
en plein courant les rares passagers qui débarquent là.
De la ville elle-même, cachée par une île et de peu d'importance d'ailleurs, nous ne voyons qu'un clocher et une
masse indistincte de maisons aux toits rouges et bruns.
Mais cette côte Sud reste pendant longtemps proche et
visible, lorsque nous repartons. Une ligne de chemin de
fer la suit, à peu de distance du fleuve. La bande de terre
que cette ligne et le fleuve bornent est semée de villages,
des agglomérations de maisons de bois aux tons neutres,
où les bruns dominent, maisons toujours groupées autour
d'un clocher pointu, mais qui semblent pourtant
s'espacer volontairement, tenter de relier entre eux les
villages, pour faire bonne figure et combler un peu les
vides du pays trop grand. Car derrière ce chapelet de
villages de pêcheurs et d'agriculteurs c'est la péninsule
du Nouveau-Brunswick et du Maine, le territoire le plus
avancé vers l'Est, le plus proche de l'Europe de toute
l'Amérique civilisée, et où se trouvent pourtant encore

des étendues de plusieurs milliers de kilomètres carrés dépourvues de lignes de chemin de fer, de routes et presque d'habitations, et des forêts profondes où l'on ne pénètre que de loin en loin, à l'automne, pour chasser le loup et l'orignal.

Mais c'est la côte Nord qui donne, quand on s'en rapproche, la plus forte impression de pays à peine entamé, encore vide et sauvage. Peut-être l'imagination y est-elle pour quelque chose, le souvenir que de ce côté-là il n'y a plus de civilisation réelle, plus de ville qui mérite le nom de ville, plus rien que çà et là quelques groupes de maisons de bois peureusement assemblées, quelques postes perdus aux coudes des rivières, et plus loin encore rien que les tentes de peau des derniers Indiens, semées dans les recoins les moins incléments de l'Ungava et du Labrador.

Pourtant la part de l'imagination n'est pas nécessairement grande et sa tâche est facile. Par endroits cette côte Nord sort du fleuve d'un jet et s'élève de suite en collines arrondies aux trois quarts couvertes de pins ; la roche se montre parfois à travers la terre, mais il n'y a que peu de parois à pic ou d'escarpements : partout des lignes simples, sévères, assez amples pour que les pans de forêt qui les couvrent ne changent pas leur profil ; partout des bruns et des verts sombres ; le brun de la terre nue, le brun des troncs serrés, le vert sombre de leur feuillage ; et aussi d'autres tons neutres de végétation qui a été sobre de couleurs et de lignes même au fort de l'été, et qui maintenant s'éteint ou s'assombrit encore.

De loin en loin, avec une sorte de surprise, on voit

des maisons. En voici une à mi-pente, une autre au bord de l'eau, cinq ou six assemblées dans un repli du terrain, et il semble bien qu'autour de leurs murs s'étendent des espaces éclaircis qui doivent être des champs. Mais entre chaque maison ou chaque groupe de maisons il y a plusieurs milles de pente abrupte, un vallonnement profond ou un sommet arrondi, souvent un pan de forêt qu'il faudrait contourner ; et l'on se prend à chercher des yeux, généralement en vain, les pistes rudimentaires qui doivent pourtant les unir entre elles ou les unir à quelque chose, faciliter leur approche aux hommes d'ailleurs. Et soudain l'on croit voir le fleuve bordé d'une croûte de glace, encombrée de lourds blocs de glace serrés qui descendent le courant, les pentes couvertes de la neige profonde de l'hiver, et la présence de ces maisons isolées, l'existence des gens qui y vivent, deviennent, pour nous autres hommes des pays grouillants, des choses presque inexplicables et pathétiques.

Toute la journée notre navire remonte le fleuve, se rapprochant tantôt d'une berge et tantôt de l'autre pour suivre la ligne de l'eau profonde. Ce chenal, par où tout le trafic du Canada passe sept mois de l'année — les sept mois pendant lesquels le fleuve est praticable — est marqué avec un soin et une précision qui rappellent à chaque instant son importance. C'est un chapelet ininterrompu de feux et de bouées ; pourtant quand le brouillard vient, dans l'après-midi, nous devons nous arrêter, jeter l'ancre, et rester là une heure, une longue heure d'humidité froide, d'opacité impalpable que l'appel lugubre de la sirène perce toutes les minutes.

Quand un coup de vent chasse le brouillard et nous

permet de repartir, les rives restent longtemps indis-
tinctes, noyées à leur tour dans cette buée ; et bientôt
après, la nuit descend.

II

Sur le steamer qui va de Liverpool à Québec,
steamer appartenant à une compagnie anglaise et chargé
de passagers presque tous anglais, où tout rappelle au
voyageur qu'il vient de quitter un port anglais et se
dirige vers un autre port dont il semble que ce ne soit
qu'une sorte d'entrée monumentale, s'ouvrant sur une
vaste colonie anglaise — le Canada français et la race
qui l'habite ne paraissent être que des entités de second
plan dont le rôle est fini, falotes, vieillottes, confites dans
le passé.

Sur le pont, des passagers s'interrogent : — Allez-
vous loin dans l'Ouest ? — En avez-vous pour longtemps encore après Montréal ? Et toutes les réponses se
ressemblent : — Pour longtemps ? Oh ! Cinq jours de
chemin de fer environ ! — Où je vais ? Calgary ! —
Edmonton ! — Vancouver !

Pour eux Québec n'est que le porche aux sculptures
archaïques par où il faut passer pour déboucher dans la
rudesse des pays nouveaux, du vrai Canada, du Canada
qui compte. Ils n'ont à l'esprit et à la bouche que des
strophes de la grande épopée de l'Ouest, les villes
solides et prospères là où il n'y avait pas cinq huttes

voilà dix ans ! Tant de boisseaux de blé produits cette
année par des terres défrichées de la veille ! Cent mines
déjà prêtes et qui n'attendent que le passage de la voie
ferrée pour dégorger leurs métaux !

Le navire remonte le Saint-Laurent, arrive en vue de
Québec. L'on commence à distinguer l'amoncellement
que forment au pied de l'ancienne forteresse les maisons
anciennes des ruelles de la Ville-Basse ; des clochers
s'élèvent çà et là parmi les toits ; quand le navire
s'amarre des portefaix qui viennent à bord montrent sous
les feutres mous des Américains de l'Ouest de bonnes
figures moustachues de paysans de France. Les passagers se pressent aux bastingages et regardent tout cela
avec une curiosité amusée, et même ceux d'entre eux qui
sont canadiens ne voient guère dans cet accueil de
Québec qu'une sorte de spectacle qui ne les touche pas
de très près ; une pantomime d'une troupe étrangère,
dans un décor étranger.

Aux questions que leur posent des compagnons de
voyage qui voient Québec pour la première fois ils
répondent avec une nuance de dédain. « Oui ! C'est une
ville assez curieuse ! Une vieille ville ! Une ville française : tout y est français... » Et ils se hâtent de gagner le
train qui les emportera vers leur Canada à eux, loin de
cette enclave étrangère.

Mais ce train marchera dix heures à pleine vitesse
avant de sortir de l'enclave que leur navire aura déjà
traversée pendant vingt heures avant Québec ; il laissera
des deux côtés de vertigineuses étendues de territoire qui
vont jusqu'aux États-Unis au sud et jusqu'au Labrador
au nord, et qui font partie de l'enclave ; ce train

traversera Montréal, une ville de cinq cent mille habitants qui malgré tout est encore française plus qu'à moitié ; il retrouvera à travers tout le Canada et jusqu'à Edmonton et Vancouver, aux portes du Pacifique, des groupes clairsemés mais vivaces de Canadiens français qui restent Canadiens français intégralement, même dans leur isolement, et le resteront. Et la fécondité de cette race est telle qu'elle maintient ses positions bien qu'elle ne reçoive, elle, qu'une immigration insignifiante. Sa force de résistance à tout changement — aussi bien à ceux qui américanisent qu'à ceux qui anglicisent — est telle qu'elle se maintient intacte et pure de génération en génération.

Toute cette partie de son territoire qui reste encore à défricher et à exploiter, elle manifeste sa volonté de la défricher et de l'exploiter elle-même. En face des hordes étrangères qui arrivent chaque année plus nombreuses, elle ne marque aucun recul.

Le voyageur venant de France qui sait cela et qui en errant dans les rues de Québec songe à cette volonté inlassable de se maintenir, regarde autour de lui avec une acuité d'attention qui lui semble presque un devoir. Et tout ce qu'il aperçoit l'émeut : les rues étroites et tortueuses qui n'entendent sacrifier en rien à l'idéal rectiligne d'un continent neuf ; les noms qui s'étalent au front des magasins et qui paraissent plus intimement et plus uniformément français que ceux de France, comme s'ils étaient issus du terroir à une époque où la race était plus pure : Labelle, Gagnon, Lagacé, Paradis..., les curieuses calèches qui sillonnent les rues et rappellent certains véhicules désuets qui agonisent encore sur les pavés de petites sous-préfectures.

Le passant regarde le nom des rues : rue Saint-Joseph, rue Sous-le-Fort, Côte de la Montagne, et il se souvient tout à coup avec un sursaut que c'est la courbe immense du Saint-Laurent qui ferme l'horizon et non le cours sinueux d'une petite rivière de France. Il entend autour de lui le doux parler français, et se voit obligé de se répéter à lui-même incessament, pour ne pas l'oublier, qu'il se trouve au cœur d'une colonie britannique. Il voit sur la figure de chaque homme, de chaque femme qu'il croise le sceau qui proclame qu'ils sont de la même race que lui, et un geste soudain, une expression, un détail de toilette ou de maintien fait naître à chaque instant en lui un sens aigu de la parenté. Le sentiment qui englobe tous les autres et qui lui vient à la longue est une reconnaissance profonde envers cette race qui en se maintenant intégralement semblable à elle-même à travers les générations a réconforté la nation dont elle était issue et étonné le reste du monde ; cette race qui loin de s'affaiblir ou de dégénérer semble montrer de décade en décade plus de force inépuisable et d'éternelle jeunesse en face des éléments jeunes et forts qui l'enserrent et voudraient la réduire.

Les troupeaux d'immigrants anglais, hongrois, scandinaves, peuvent arriver à la file dans le Saint-Laurent pour aller se fondre en un peuple dans le gigantesque creuset de l'Ouest. L'ombre du trône britannique peut s'étendre sur ce pays qui lui appartient au moins de nom. Les plaines du Manitoba, de la Saskatchewan et de l'Alberta peuvent faire croître de leurs sucs nourriciers une race neuve et hardie qui parlera au nom du Canada tout entier et prétendra choisir et dicter son destin. Québec n'en a cure !

Québec regarde du haut de sa colline passer les hordes barbares sans l'ombre d'envie et sans l'ombre de crainte. Québec reçoit les messages royaux avec une tolérance courtoise. Québec sait que rien au monde ne pourra bouleverser le jardin à la française qu'elle a créé pieusement sur le sol fruste de l'Amérique et que toutes les convulsions du continent nouveau ne sauraient troubler la paix profonde et douce que les Français d'autrefois, ses fondateurs, ont dû emporter du pays de France comme un secret dérobé.

SUR LA TERRASSE

Un large boulevard de planches, accroché au flanc de la colline de Québec tout près du sommet. Plus haut il n'y a guère que les talus de la vieille forteresse ; plus bas la pente abrupte dégringole. Au pied de la colline la Ville-Basse, toute ramassée sur elle-même, serrée entre cette pente insurmontable et le fleuve. Vus de cette hauteur le Saint-Laurent paraît étroit, et la rive Sud toute proche ; l'agglomération de maisons que porte celle-ci est Lévis, un faubourg de Québec que l'absence de pont élève à la dignité de ville séparée. Les deux berges sont découpées en cales où des vapeurs s'amarrent ; elles sont bordées de hangars sur plusieurs points, et ces hangars, ces vapeurs, d'autres vapeurs plus petits qui font un va-et-vient incessant entre les deux rives, donnent l'illusion d'un vrai grand port moderne, que la vie commençante anime.

Mais quand les regards se détournent et vont un peu plus loin à droite ou à gauche, les choses reprennent leurs proportions véritables et l'on perçoit que c'est la ville qui est l'accessoire, et non le fleuve. Ce fleuve n'a pas l'aspect asservi, humilié, des cours d'eau qui traversent des villes anciennes et grandes depuis si longtemps qu'ils ont perdu leur personnalité propre et leur indépendance et sont devenus quelque chose de plus hideux encore que des « routes qui marchent » : les trottoirs mouvants du trafic urbain.

Le Saint-Laurent à Québec n'a pas connu les quais qui brutalisent l'eau ; ni les ponts qui l'humilient ; car les estacades de bois qui bordent çà et là son lit sont discrètes et presque invisibles, et d'ailleurs le bois s'accorde naturellement avec l'eau et n'a jamais cet aspect insultant de mur de prison qu'ont les quais de pierre. Au sortir de la ville, et des deux côtés, les berges reprennent promptement leur caractère primitif : plates et marécageuses en aval, au-delà de la rivière Saint-Charles ; en amont plus abruptes, surtout la rive Nord, où la colline de Québec se prolonge en une arête dont le flanc reste sur quelque distance proche de l'eau. Si près de Québec ces berges du Saint-Laurent sont encore intactes, presque vierges, et précisément telles qu'elles devaient l'être il y a trois ou quatre siècles, au temps où les pirogues de peau des Indiens étaient les seules embarcations qu'eût connues le fleuve. Les forêts qui s'élevaient peut-être là ont disparu ; rien d'autre n'a été changé, et des deux côtés le sol s'enfonce dans l'eau irrégulièrement, comme il lui plaît.

On devine cela du haut de la colline de Québec, de la terrasse qui surplombe, et cette étroitesse des limites jusqu'où s'est étendue l'empreinte humaine, jointe à la largeur du fleuve libre, laisse l'impression que c'est bien là un pays neuf, que l'homme n'a fait qu'égratigner, et que Québec elle-même, la « vieille ville », n'est après tout qu'une toute jeune personne, à la manière dont se mesure d'ordinaire la vie des cités.

Et pourtant... Au pied de la colline le désordre des maisons disparates de la Ville-Basse, l'étroitesse des ruelles qui les séparent, et qui de haut sont pareilles à des crevasses dont le fond reste caché, le marché « Champlain », où les ménagères circulent sans grande hâte et stationnent volontiers, formant des anneaux sombres autour des taches plus vives des légumes étalés, comme tout cela est peu « Nouveau Monde » ! Combien y a-t-il de villes françaises où le jour du marché ramène ponctuellement une scène en tous points semblable à celle-ci, vue, par exemple, du haut d'un clocher ? Et l'on devine que la digne femme qui marchande des choux avec un paysan en gilet de chasse et casquette noire, emploie précisément les mêmes mots, les mêmes gestes et les mêmes moues de dédain que doit employer, à cette même heure, une homonyme, une autre dame Gagnon, ou Normandin, ou Robichot, qui achète aussi des légumes sur la grande place d'un chef-lieu d'arrondissement, quelque part « chez nous ».

Et voici que Québec la jeune, Québec la cité d'Amérique, Québec que la campagne sauvage enserre étroitement, prend, aux yeux d'un homme des grandes villes, cet aspect de calme ancien, de répit, de paix un peu somnolente qu'ont les petites villes de province, au matin, pour les Parisiens arrivés dans la nuit.

Les vapeurs qui relient de leur va-et-vient continuel les deux berges du fleuve, Québec et Lévis, sont tous munis d'une sorte de gigantesque balancier qui s'élève haut au-dessus du pont et oscille sans cesse, mû en apparence par deux tiges fixées à ses extrémités et qui s'enfoncent dans deux puits à l'avant et à l'arrière. Cela peut être très mécamique et très moderne ; mais cela est surtout comique, pour un profane, et tout à fait pareil de loin à d'ingénieux jouets à treize sous. Cela ne les empêche pas d'avoir l'air important et affairé, ces vapeurs, et de faire grand bruit avec leurs sifflets ou leurs sirènes chaque fois qu'ils traversent la nappe d'eau tranquille, comme si c'était là une audacieuse aventure. Un des paquebots amarrés dans le port leur répond ; puis le vent qui chasse devant lui les nuées grises balaye aussi ces bruits importuns et apporte à leur place un son de cloches.

Les cloches de Québec... On se rend compte tout à coup que leur voix était là depuis le commencement, qu'elle n'a jamais cessé de se faire entendre. Des tintements grêles venaient de Lévis par-dessus le Saint-Laurent ; d'autres tintements montaient de la Ville-Basse, plus clairs et pourtant inégaux comme une houle, et d'autres encore venaient de la Ville-Haute et des quartiers lointains. Ensemble ils formaient une voix qui montait et descendait avec chaque souffle de vent, s'éteignait pour s'élever de nouveau après quelques secondes, obstinée et grave.

Il y a des gens qui disent avoir entendu dans la voix

des cloches toutes sortes de choses délicates et émou-
vantes : en les écoutant avec honnêteté on n'y perçoit le
plus souvent qu'une répétition persistante et qu'il ne faut
pas discuter : « ... C'est ainsi !... C'est ainsi !... C'est
ainsi !... » chaque choc nouveau du battant enfonçant le
dogme un peu plus avant dans les têtes, comme des
coups de marteau sur un clou. Et la monotonie immuable
de leur appel laisse une impression d'âge infini.

Des brumes traînantes que le vent déchire et res-
soude sans cesse viennent du Golfe comme un cortège.
Passant bas au-dessus du fleuve, elles forment un défilé
de taches opaques entre lesquelles on distingue pourtant
çà et là la surface de l'eau, ou des morceaux de la rive
Sud, qui semble s'éloigner. Puis, quand ces nuées ont
passé, l'on voit que l'air a perdu de sa transparence ;
obscurci, strié de gouttelettes qui tombent, il estompe
tout sans rien faire disparaître, et Lévis, le Saint-Laurent,
Québec elle-même, se fondent en un grand décor gris,
indistinct, qui respire à la fois la mélancolie et la sérénité. Et le son des cloches vient toujours à travers la
brume grise.

Sur le fleuve les petits vapeurs avec leur gigantesque
balancier comique continuent leur va-et-vient, sifflant et
mugissant avec importance ; le marché Champlain n'est
plus qu'un toit de parapluies ; la Ville-Basse s'attriste
sous l'ondée, piteuse et quelconque. Mais les cloches ne
s'arrêtent pas un instant de se répondre d'une rive à
l'autre, et d'un bout à l'autre de cette ville qui leur
appartient. Leur voix témoigne que Québec n'a rien
appris ni rien oublié ; qu'elle a conservé miraculeusement intacte la piété ponctuelle d'autrefois. C'est peut-

être pourquoi Québec prend cette physionomie d'aïeule, aux yeux des païens d'outre-mer ; elle est vieille comme les vieilles cathédrales, comme les prières en latin, comme les reliques vénérables et fragiles dans leurs châsses ; elle a l'âge des rites anciens qu'elle a apportés avec elle sur un sol nouveau et fidèlement observés.

Mais en l'honneur de quel saint de légende sonnaient-elles ce jour-là toutes ensemble, les cloches de Québec ?

DANS LES RUES DE QUÉBEC

Que Québec est une cité historique ; la plus intéressante peut-être, historiquement, de l'Amérique du Nord ; unique en son genre sur ce continent ; une cité où la jeune Amérique vient visiter pieusement des vestiges qui remontent à deux cents ans comme la vieille Europe va pieusement visiter à Rome des vestiges qui remontent à deux mille ans, — tout le monde sait cela. Mais c'est aussi une cité plus complexe qu'on ne veut bien le dire.

Les Américains et les Canadiens de l'Ouest y mettent un rien de parti-pris. Il leur plaît de faire de Québec une vénérable ruine qui se tient encore debout par miracle ; d'exagérer la vie passée de la cité aux dépens de sa vie présente. Même sa voisine Montréal, qui compte maintenant plus d'un demi-million d'habitants contre soixante-dix mille que compte Québec, prend souvent pour parler de cette dernière un ton protecteur, un peu apitoyé ; le ton que prennent les « demoiselles de la ville » pour parler des grands-parents restés au village. C'est « la vieille capitale », la « vieille ville » et d'autres expressions où l'adjectif « vieille » revient souvent, employé d'une manière un peu ambiguë. Ce peut être une marque de respect, — il serait difficile de prouver le contraire — mais lorsque l'on personnifie des villes c'est toujours à des femmes que l'on songe, et entre femmes cette insistance constante sur la différence d'âge n'est pas toujours regardée, je crois, comme une marque d'amitié !

Peut-être y a-t-il en ce cas un tout petit ressentiment provoqué par le fait que Québec est encore la capitale de la province et le siège du gouvernement. Les Montréalais se défendront sans doute d'une aussi mesquine jalousie, et vraiment il vaut mieux les croire. D'ailleurs Montréal a bien d'autres soucis : entre autres celui de défendre âprement sa position de « plus grande ville du Canada » contre sa rivale de l'Ontario, Toronto, différente de race, de religion et de langue.

Mais les autres provinces mettent un peu d'affectation à regarder Québec comme une curiosité de musée, déplacée en ce siècle-ci. Leurs habitant anglo-saxons la traitent aussi de « vieille ville », mais ils y ajoutent un autre adjectif « vieille ville française » sans mépris ni inimitié, et simplement pour désigner le seul trait de la physionomie de Québec qui les ait frappés.

S'ils viennent du Manitoba ou de l'Alberta, par exemple, provinces qui paraissent s'américaniser peu à peu sous l'influence des très nombreux immigrants des États-Unis qui viennent s'y établir chaque année, ils verront les choses avec les mêmes yeux que les touristes de New York, Boston ou Chicago qui viennent pendant l'été. L'étrangeté de rues étroites, souvent tortueuses, bordées de maisons qui ne sont pas assez vieilles pour être des curiosités architecturales, mais qui sont pourtant vieilles, et le montrent. Les noms français partout : sur les plaques apposées aux coins des rues ; au front des magasins. Les marchandises étiquetées le plus souvent en français. Les consonances du parler français autour d'eux. Voilà ce qu'ils remarqueront naturellement, et ce qui leur donnera cette impression de dépaysement, d'excursion en terre étrangère, qu'ils goûteront, ou ressentiront comme un affront, selon leur tempérament.

Un Français venant directement de France, au contraire, et qui n'aura pas eu le temps de vraiment perdre contact avec les choses de son pays, remarquera surtout dans Québec non pas ce qui est français, mais ce qui ne l'est point.

Des rues qui le plus souvent ne sont ni pavées ni même macadamisées, bordées de rudimentaires trottoirs de planches ; des tramways électriques escaladant des rampes invraisemblables ; les visages généralement glabres des Canadiens français, surtout des jeunes gens ; leurs vêtements de coupe américaine ; leurs chapeaux ronds de feutre mou et de forme américaine ; leurs chaussures américaines aussi. Aux devantures des magasins les prix marqués en dollars. Les mots anglais, intacts ou grossièrement francisés, intervenant de façon inattendue dans des phrases françaises. Autant de détails qui ne pourront manquer de surprendre un Français s'il a pris littéralement ces qualificatifs de « vieille ville française » que les gens venant d'autres pays que la France appliquent à Québec en toute sincérité.

De sorte que la plupart des touristes qui visitent Québec semblent voués par la force des choses à n'en vraiment voir qu'une moitié. Or, c'est précisément ce caractère double de Québec — ville française greffée sur le sol américain — vie américaine greffée sur la vieille souche française — qui la rend si étrangement différente des autres villes.

À peine sur les quais du port on commence à sentir l'amalgame. Les docks ne donnent pas l'impression qu'ils sont organisés d'une façon bien moderne, et sans doute les États-Unis ont-ils beaucoup mieux à montrer ; pourtant le train qui vient chercher la malle afin de l'emporter vers l'Ouest comporte-t-il déjà les gigantesques wagons qui sont la règle sur le sol américain. Les portefaix et les employés de la douane sont bilingues ; par quoi il faut entendre qu'ils emploient le français ou l'anglais alternativement selon le besoin du moment, et, fort souvent, les mélangent. Dans le vaste hangar du débarcadère, il semble qu'il soit resté quelque chose des foules hétérogènes qui ont passé là leurs premières heures, au sortir des paquebots. Immigrants anglais, allemands, suédois, russes, hongrois, on sent que ce hangar a pour fonction de recevoir presque chaque jour plusieurs centaines d'homme et femmes de ces pays et de les abriter jusqu'à ce que l'on ait pu mettre un peu d'ordre parmi eux et leurs possessions et les expédier vers leurs destinations respectives. Autant que quatre parois nues peuvent être typiques, il est typiquement américain, ce hangar, lorsqu'on y trie comme des ballots les nouveaux arrivants.

Ceux des passagers qui n'ont plus de formalités à remplir et n'ont pas besoin d'aide hèlent un portefaix, puis une voiture. Et tout de suite ils se croient en France. Que le portefaix et le cocher parlent français, tous deux, cela n'est rien ; mais on retrouve chez eux cette affectation d'empressement, cette obligeance démonstrative qui est rare en pays anglo-saxons, mais que les manœuvres d'autres races cultivent soigneusement, à moitié comme une vertu, à moitié comme un droit incontestable à un plus fort pourboire. Quand il faut les payer, en effet, leurs marchandages et leurs revendications pathétiques ne manquent pas de produire l'effet attendu.

Si le sort favorise un peu les nouveaux arrivants, c'est dans une calèche qu'ils sont montés. La calèche est un institution purement québécoise et la pièce la plus curieuse peut-être de tout le magasin d'accessoires de Québec. Il serait futile d'en essayer une description exacte ; qu'il suffise de dire que c'est un véhicule d'aspect suranné, infiniment plus ancien comme type que la plus ancienne des voitures de place d'une très petite ville française. Cela a quatre roues grêles, un haut marche-pied, deux sièges opposés, assez incommodes, et souvent une de ces indescriptibles portières qui persistent à n'être ni ouvertes ni fermées, et qu'il faut tôt ou tard se résigner à tenir de la main dans une position qui n'est guère qu'un compromis. Il est impossible de croire que l'on construise encore des calèches du type québécois de nos jours ; ou bien est-ce alors qu'on donne aux calèches neuves, par quelque procédé secret, la patine d'une haute antiquité, avant de les laisser sortir dans les rues, attelées d'un très vieux cheval, conduites par un très vieux cocher.

Cahin-caha la calèche s'en va dans les rues de Québec, qui à l'automne ressemblent souvent à des fondrières. Curieusement l'on regarde par la portière ; au sortir des hangars des docks et des entrepôts voici plusieurs passages à niveau rudimentaires, une ligne de chemin de fer qui passe pour ainsi dire en pleine rue et une longue file de ces énormes wagons américains, arrêtés tout près. Quelques mètres plus loin la lumière tombe sur l'enseigne d'une boutique close, et on lit « Eusèbe Ribeau Marchand de Hardes faites ». Encore quelques tours de roue : des annonces vantent un whisky de seigle, une marque de cigares ou quelqu'une de ces nourritures céréales prêtes pour la table qui abondent aux États-Unis ; au coin d'une rue une pancarte proclame :« Par ici pour l'élévateur », qui escalade la colline. Un jeune homme arrêté au bord d'un trottoir de bois mâche un cigare, les mains à fond dans les poches, son chapeau de feutre mou rabattu sur les yeux, ne laissant voir qu'une moitié de son masque osseux et glabre de Yankee ; et juste au moment où l'impression d'américanisme devient aiguë et étouffe les autres, la calèche ralentit, s'arrête : « C'est icitte, Monsieur ! » L'on descend pour voir du même coup d'œil devant soi la plaque qui indique le nom de la place, et l'enseigne de l'hôtel : « Carré Notre-Dame-des-Victoires »,« Hôtel Blanchard, Maison Recommandée ».

Noter tous ces contrastes de détail l'un après l'autre est évidemment un jeu un peu enfantin ; mais il serait plus superficiel encore de ne voir qu'un aspect de Québec et d'en faire le caractère complet et définitif de cette cité unique, où deux modes de voir se mélangent et se marient comme deux aromes.

Les rues de Québec... Il y a naturellement cinq ou six de ces rues que tous les touristes sans exception visitent consciencieusement parce qu'elles sont mentionnées dans les guides et parce que ce sont celles qui corroborent cette description facile et incomplète de « vieille ville française » que l'on retrouve partout.

Toutes les rues de la Ville-Basse qui sont étroites et quelque peu tortueuses, d'abord. Certaines n'ont pas d'autres mérites que ceux-là. Les maisons qui les bordent sont quelconques : vieilles façades dont la pierre est un peu effritée, le bois un peu vermoulu, derrière lesquelles on devine une charpente de grosses poutres taillées à la hache dans des troncs abattus à la hache à une époque où les scieries à vapeur ne couvraient pas encore le sol canadien, comme aujourd'hui. Çà et là cette antiquité relative est assez apparente pour donner à un extérieur un caractère marqué ; mais on ne voit pas de toits pointus ni d'étages qui surplombent ; et un voyageur qui se souvient de telles villes d'Europe qu'il a visitées sourira sans doute d'entendre traiter Québec de « vieille ville » pour ces seuls vestiges.

Ils suffisent aux Américains, pourtant. Ces derniers — ceux d'entre eux tout au moins qui n'ont pas encore « fait » l'Europe — s'ébahissent de voir des rues qui ne sont pas parfaitement droites, ni larges de trente pieds, et dont chaque maison manifeste vis-à-vis de l'alignement général une belle indépendance. La plupart de ces

visiteurs, s'ils étaient sincères, s'avoueraient pleins de
mépris ; seule une minorité qui préfère le pittoresque à la
propreté, à la commodité et à l'hygiène — pour les villes
qu'elle n'habite pas — admire les ruelles de Québec
avec honnêteté.

Un Français sera plus difficile. Il lui plaira sans
doute de retrouver des aspects presque familiers sur une
terre lointaine ; mais pour aimer les rues du vieux Québec et en tirer des impressions vives il faudra qu'il
parcoure, à défaut d'autres villes d'Amérique, les rues
du Québec nouveau.

Car Québec est une cité bien vivante et qui se développe encore ; voilà ce qu'il ne faut pas oublier. Elle se
développe de trois manières : par l'accroissement normal
de sa population ; par le déplacement qui commence de
la population rurale vers les villes ; enfin par le dépôt de
l'alluvion humain, inévitable dans une ville par où passent les deux tiers de l'immigration canadienne, soit plus
de deux cent mille hommes et femmes chaque année. Et
une parenthèse ouverte ici sur ce développement présent
et futur de Québec évitera d'avoir à y revenir plus tard.

L'accroissement normal de la population est en pro-
portion de la natalité, qui est, on le sait, considérable. La
renommée est parvenue jusqu'en Europe de ces familles
canadiennes-françaises qui comptent douze et quinze
enfants, et elle a suffi à faire écarter définitivement
l'hypothèse que l'on a avancée à propos de la dépopula-
tion, à savoir que notre race est inféconde en soi.

La seconde cause de développement de Québec, qui
s'applique également à toutes les autres villes de la
province, pourra surprendre les Européens qui songent

encore au Canada comme à un pays purement agricole où le problème de la concentration lente vers les cités n'existe pas. C'est pourtant un fait que malgré la forte natalité la population rurale ne s'augmente que dans des proportions très faibles dans les deux provinces les plus vieilles du Canada : celle de Québec et l'Ontario. D'un recensement à l'autre on constate que ce sont surtout les villes qui ont gagné ; les Canadiens français des campagnes commencent déjà à se déraciner, soit pour grossir le demi-million d'habitants de Montréal, soit pour se concentrer autour d'autres villes plus petites et qui commencent également à devenir manufacturières, soit enfin pour passer la frontière et se fixer aux États-Unis. Ce mouvement sera peut-être enrayé en partie, mais il existe déjà.

Enfin il y a cette autre raison de développement que Québec doit à sa situation, et celle-là suffirait à ridiculiser le parti-pris des Canadiens de l'Ouest, qui se plaisent à considérer la « vieille ville française » comme une ville stagnante et dont le rôle est fini. Toute cette part de l'immigration canadienne qui vient d'Europe — et c'est de beaucoup la plus importante — passe par le Saint-Laurent ; et sur le Saint-Laurent, Québec est la première étape et la première ville digne de ce nom. Les paquebots continuent ensuite jusqu'à Montréal, il est vrai, et Montréal semble croire qu'elle est le terminus naturel des lignes de navigation. Cela n'est pas très sûr. Le cours du fleuve est très irrégulier au-dessus de Québec, en certains endroits relativement étroit et profond, il s'élargit à d'autres en lacs semés de hauts-fonds, et où la moindre erreur de direction provoque un échouage. De là les taux très élevés des assurances maritimes sur les navires qui remontent le fleuve. Ces navires tendent à accroître leur tonnage d'année en année, à mesure que cette branche du commerce transatlantique prend plus d'importance ; lorsqu'ils auront atteint les dimensions des plus gros navires aujourd'hui affectés à la ligne de New York, les compagnies auxquelles ils appartiennent devront choisir : ou bien refaire le Saint-Laurent, ou bien ne pas aller plus loin que Québec. C'est l'histoire de Nantes et de Saint-Nazaire qui se répète, là comme ailleurs. De sorte que la « vieille ville » dont l'Ouest et Montréal elle-même parlent avec une indulgence apitoyée pourrait bien se réveiller quelque jour du long sommeil où défilent ses souvenirs de gloire et se résigner à devenir le grand port et le grand entrepôt du Canada ; à acquérir la richesse après l'honneur.

En attendant que cette renaissance ne vienne, Québec n'en est pas moins déjà, et encore, une ville vivante, qui s'accroît et s'étend. Et ceux d'entre nous qui viennent de cités plus anciennes que Québec, ou de campagnes européennes habitées, cultivées et percées de routes depuis bien des siècles, trouveraient profit à laisser de côté pour un jour leurs guides à couvertures rouges et à s'en aller à l'aventure dans les rues nouvelles que Québec jette autour d'elle, ou prolonge.

La plaine qui s'étend de l'autre côté de la rivière Saint-Charles, par exemple. L'on est monté de la Ville-Basse par la « Côte de la Montagne » et la « Rue Saint-Jean », qui est la rue principale de Québec. Les chars — lisez tramways électriques — passent toutes les vingt secondes avec des appels de timbres entre les maisons de pierre, entre les magasins de modes et costumes, les librairies, les bazars, tout l'appareil monotone de la civilisation universelle. Les gens qui passent portent aussi l'inévitable livrée : les robes des femmes sont trop évidemment des « modèles de Paris », pas très récents peut-être ; les vêtements des hommes sont du style américain le plus souvent, anglais parfois, avec çà et là une note purement française. Tous ont l'air de gens habitués à vivre uniquement dans des maisons modernes ou dans des rues, loin de tout contact avec le sol fruste, que l'on oublie.

Mais si l'on prend au hasard une des rues latérales, en moins de deux cents mètres, tout change. Les maisons de pierre ont disparu brusquement, laissant l'impression qu'elles n'étaient guère qu'une longue façade, un décor. À leur place s'alignent des maisons de bois aux murs faits de planches superposées en écailles ; parfois on a oublié de les peindre, ou bien la peinture n'a guère duré, gercée par le soleil de l'été et le grand froid de l'hiver, décollée par la neige ou la pluie ; le bois nu s'étale, aussi primitif et rude que la hache ou la scie l'ont laissé. Les trottoirs, lorsqu'ils existent, se composent également de planches grossièrement équarries alignées sur le sol ; la chaussée est — en cette saison des pluies — un tel bourbier que l'on a disposé de loin en loin des passerelles en planches. Entre les maisons rudimentaires et les rudimentaires trottoirs, cette « rue » dévale le flanc de la butte de Québec en une pente à vingt pour cent, vers les quartiers du bord de l'eau.

En bas de la pente la civilisation d'en haut semble se reproduire : l'on retrouve les « chars » et les maisons de pierre ; mais plus loin c'est la plaine qui commence et la rivière Saint-Charles, que l'on passe sur un pont primitif ; et une fois cette rivière franchie l'on retrouve les maisons de bois, plus rudimentaires encore, plus espacées ; les trottoirs de bois, plus grossiers ; la chaussée qui semble devenir peu à peu une simple piste détrempée sur le sol vierge. Une banlieue ; mais une banlieue qu'on sent voisine de la sauvagerie définitive.

Les voitures qui passent sont des « buggies » américains, aux quatre roues grêles égales, ou bien des carrioles d'un type analogue, mais plus frustes ; leurs roues sont boueuses jusqu'aux moyeux ; les chevaux qui les traînent sont crottés jusqu'au poitrail. Beaucoup sont conduites par des hommes qui ne peuvent être que des paysans : ils ont le masque terriblement simple et obstiné de ceux qui se battent avec la terre. Et ce sont des masques de paysans français ; la ressemblance échappe parfois ; mais elle est parfois frappante : figures familières sous les feutres bosselés ou les casquettes ; silhouettes familières même sous les confections américaines aux larges épaules matelassées. Ils mènent leur cheval le long de la route défoncée sans songer à s'en plaindre, car ils n'ont jamais connu de meilleur chemin ; peut-être même cette route leur paraît-elle excellente ici comparée à la simple piste indienne qu'elle va devenir plus loin, à quelques milles à peine de Québec, bien avant qu'ils ne soient arrivés chez eux.

La ville disparaît déjà : c'est la campagne qui commence, non pas la campagne polie et ratissée de nos pays de l'Europe occidentale, mais le sol tel quel, sans fard, se fondant insensiblement dans le vrai pays du Nord, à peine gratté çà et là, où les habitations sont comme des îles semant l'étendue barbare.

Et peu à peu l'on oublie les maisons et les routes, et c'est à la race que l'on songe : à la race qui est venue se greffer ici, si loin de chez elle, il y a si longtemps, et qui a si peu changé ! Venue des campagnes françaises, campée ici la première, dans ce pays qu'elle a ouvert aux autres races, elle a dû subir d'abord les influences profondes de l'éloignement, des conditions de vie radicalement différentes de celles qu'elle avait connues jusque-là ; petite nation nouvelle qu'il fallait échafauder lentement dans un coin du grand continent vide. Et à peine cette nation reposait-elle sur des bases solides que c'était déjà l'arrivée des foules étrangères, l'invasion des cohortes qui se bousculaient pour passer par la brèche toute faite. En droit : la suzeraineté britannique ; en fait l'afflux toujours croissant des immigrants de toutes nations, qui finissaient par constituer une majorité définitive — voilà ce que le Canada français a subi. Comment l'a-t-il subi ? Comment a-t-il résisté à l'empreinte ?

On peut revenir alors vers les rues du vieux Québec pour y chercher une réponse. Ces rues et ce qu'elles montrent, tout cela prend un aspect différent ou plutôt un sens différent, lorsqu'on revient des pistes de la banlieue, où l'écart qui existe entre cette contrée et les contrées d'Europe s'est fait tangible.

Et l'on se rend compte promptement que tous ces détails qui au premier abord frappent un Français comme étant des marques de dénationalisation sont sans exception superficiels, négligeables. Le costume ? Il faudrait vraiment être enclin à la morosité pour reprocher aux

Canadiens français de n'avoir pas constamment suivi, depuis deux cents ans qu'ils sont ici, les modes diverses qui se sont succédé en France. Leurs jeunes gens des villes ont tout naturellement adopté, et sans qu'il y ait dans leur cas aucune affectation, la tenue anglo-saxonne qui se répand de plus en plus même sur le sol français ; et leur reprochera-t-on de n'avoir pas compris la beauté des vestons de velours et des cravates Lavallière ? Quant aux habitants des campagnes leur costume est forcément pendant cinq mois de l'année, un costume qui ne peut avoir d'équivalent en France, puisqu'il a pour fonction de les protéger contre le grand froid ; et le reste du temps leurs vêtements sont les vêtements de travail du paysan, qui sont partout à peu près les mêmes.

Le système monétaire ? Le Canada français ne pouvait guère se révolter contre le reste du Canada à seule fin de se donner le système français actuel de francs et de centimes, qui, au reste, n'existait pas encore à l'époque où le bloc français du Canada prenait racine. Du système canadien-américain de dollars et de cents, il a promptement fait quelque chose qui lui appartient en propre en dénommant les dollars des « piastres », et les cents des « centins » ou des « sous ».

Un chauvin fraîchement débarqué du paquebot s'arrêtera peut-être devant une vitrine où s'étalent des complets de coupe américaine, dont le prix sera indiqué par un chiffre quelconque précédé du signe « $ », et il secouera la tête avec une tristesse un peu comique, en songeant que ceux qui traitaient Québec de « ville française » habitée par des Français, en ont menti. Mais avant qu'il ne soit reparti, des Québécois s'arrêteront à leur tour derrière lui, et il les entendra causer entre eux. « Des belles hardes, ça ! » « Ouais ! Regarde ce capot-là, donc, à quinze piastres ! » Et notre chauvin s'en ira tout réconforté, gardant longtemps dans l'oreille la musique des mots français et de l'accent du terroir.

Si l'on prend l'une après l'autre d'autres manifestations extérieures de l'âme intime du Canada français, ces mille détails qui sont en somme les seules choses sur lesquelles on puisse, aux premiers jours, méditer sans ridicule, l'impression reste la même. Il y a eu sans doute une évolution logique, différente de l'évolution qui a pris place dans le même temps sur le sol français, et peut-être même par parallèle, mais ce n'a été qu'une évolution, et les traces d'assimilation, d'empreinte laissée par une autre race, sont bien difficiles à trouver. Les suzerains britanniques, ayant eu la délicatesse de ne rien imposer de leur mentalité et de leur culture, se sont trouvés également incapables d'en rien faire accepter par persuasion.

Les Canadiens français leur ont emprunté leur langue pour s'en servir quand il leur plaît, pour leur propre avantage. Pour le reste... il ne semble pas leur être venu à l'esprit qu'ils puissent trouver grand-chose qui valût d'être emprunté.

Les rues du vieux Québec sont un témoignage. En s'enfonçant plus avant dans le Canada français l'on trouvera que les traits extérieurs qui rappellent l'ancienne patrie se font de plus en plus rares, et disparaissent souvent ; et l'on pourrait être tenté de croire que tout ce qu'il y a de français sur le sol américain disparaît en même temps. De peur que cette apparence n'en impose

dès la première heure, Québec conserve intact le décor
ancien et précieux de la Ville-Basse. Ce n'est pas une
simple copie de vieille ville française, et il faut s'en
réjouir ; mais bien une ville canadienne déjà, et ses
ruelles sont sœurs des routes bosselées qui se fondent en
pistes dans la campagne presque vide. Seulement ces
ruelles apportent une sorte d'obstination à montrer une
fois pour toutes, et par cent signes évidents, de quel pays
venaient les hommes qui les ont créées, qui ont depuis
lors poursuivi leur tâche, et qui n'ont guère changé.

DE QUÉBEC À MONTRÉAL

Une gare sans prétentions, de longs quais de bois, et
de chaque côté les trains du Pacifique Canadien, qui
attendent. Les bâtiments de la gare cachent Québec ; des
hommes — Canadiens anglais ou français — arrivent
sans se presser, une valise unique à la main, mâchant un
cigare, et s'installant n'importe où, comme s'ils pre-
naient un train de banlieue ; un groupe de jeunes filles
échange avec une amie qui s'en va d'interminables
adieux bruyants et niais, ponctués de rires : — de sorte
que ce départ de Québec est pareil à tous les départs, et
que la juxtaposition des deux races rappelle seulement
les scènes habituelles à la gare du Nord ou à celle de
Charing Cross, autour des trains Paris-Londres.

Mais dès que ce train-là s'est ébranlé la différence se
fait perceptible et tout à coup frappante.

Les pays traversés, d'abord. Ce sont les faubourgs de Québec qui alignent des deux côtés de notre course leurs maisons de bois, dont la rusticité neuve étonne, après les façades marquées de passé des vieilles rues de la Ville-Basse. Des passages à niveau rudimentaires, à la mode américaine, laissent une vision de carrioles frustes aux quatre grandes roues égales, et derrière ces carrioles arrêtées juste à temps, des routes rudimentaires aussi, détrempées par l'automne, où les chevaux enfoncent jusqu'au jarret et s'éclaboussent jusqu'à l'épaule. Puis avec le recul nécessaire, Québec apparaît, et la haute butte du fort, que les maisons d'autrefois couvrent et entourent, conserve en se rapetissant dans le lointain presque toute sa pittoresque majesté. Les lieux dont on s'éloigne ne sont presque jamais dépourvus de grâce, et leur disparition lente à l'horizon leur prête toujours de la mélancolie ; mais pour Québec cette grâce et cette mélancolie ne sont pas seulement subjectives : elles logent à demeure entre ses murailles, et la silhouette de la ville et du fort persiste longtemps, et poursuit longtemps, en un reproche de vieille cité fière qui a fait plus que son devoir, et que ce siècle-ci qui lui doit tant semble négliger.

Lorsque Québec a disparu, les regards reviennent naturellement vers l'entourage immédiat, et là encore cent détails rappellent au nouvel arrivant qu'il a traversé une mer plus vaste que la Manche ; qu'il est en Amérique, enfin.

Le train est un train à couloir ; cela va sans dire. Les chemins de fer canadiens sont dans leur ensemble, de date récente, presque des nouveau-nés, et il est peu probable que, libres de faire construire leur matériel roulant à leur gré, ils aient eu la fantaisie de copier ces blocs de guérites adossées, décorés du nom de wagons, qui grincent encore sur tant de lignes de France ou d'Angleterre. Ils n'ont pas plus copié le type que l'on a adopté en France pour les wagons à couloir, soit cette amélioration des impérissables guérites qui consiste à leur adjoindre simplement un passage sur le côté.

Les wagons du Pacifique Canadien n'offrent pas une seule cloison d'une de leurs extrémités à l'autre. Un passage central, des banquettes à deux places, face à la route de chaque côté du passage : — cela rappelle, en trois fois plus grand, les voitures des divers métropolitains de Paris et de Londres. Seulement l'on remarque tout à coup que le long des parois et sous les sièges se développent des tuyaux de chauffage, sous une carapace de tôle ajourée, et l'on se souvient que ce n'est pas là une attention complaisante de la compagnie ni un luxe, mais bien la première des nécessités en ce pays, car d'ici quelques semaines ces wagons seront toujours en service et quitteront Québec tout comme aujourd'hui, mais derrière un chasse-neige, pour traverser la campagne gelée et linceulée de blanc.

Lorsqu'on a remarqué cela on tourne de nouveau les yeux vers les longues vitres, comme si l'on s'attendait à voir déjà les premiers flocons descendre, et, l'imagination aidant sans doute, le caractère du paysage s'affirme et saisit l'esprit, révélant dans chacun de ses détails un peu de la solennité redoutable du pays des longs hivers. Un pan de forêt, pourtant vite traversé, se change par magie en un coin de ces autres forêts, point si distantes d'ailleurs, où l'ours noir trottine, grogne et flaire, et où les loups — les terribles loups des imaginations d'enfants — hurlent encore. La nappe du Saint-Laurent, que l'on entrevoit soudain, fait songer aux grands fleuves d'eau vierge qui l'hiver s'endorment dans le gel, et où les caribous, au printemps, viennent furtivement casser avec leurs sabots la glace amincie, pour boire. En fin d'une longue éclaircie vers le Nord, qui ne montre que des ondulations nues, l'on se plaît à faire le commencement des grandes plaines qui doivent s'étendre vers la baie d'Hudson, plaines de terre auxquelles succèdent les grandes plaines des mers gelées du pôle.

Jeux d'imagination, sans doute ; visions forgées : mais ces visions naissent avec une facilité singulière et elles ne sont presque pas ridicules, puisqu'à chacune d'elles correspond une réalité toute proche, à quelques jours, presque à quelques heures de voyage.

Certaines régions d'Europe, peut-être même de France, peuvent offrir des aspects exactement semblables à ceux-là, et pourtant sans aucun effort d'esprit on arrive à se convaincre que chacun de ces aspects est typique, spécial à ce pays qui est l'avant-garde du continent américain vers le nord, pays trop grand, trop froid, trop rude pour que l'homme s'y sente à son aise avant longtemps, où il n'avance qu'avec précaution, pas à pas, vers le mystère redoutable des terres que défendent les longues saisons de neiges.

Aussi l'Européen — le Français — qui regarde à travers la vitre du wagon, se sent vivement dépaysé ; il sent avec acuité le caractère étranger du paysage, cette gravité double de la contrée encore presque déserte,

presque sauvage, et du septentrion qui menace. Dans ces
grands wagons américains, il se prend à songer que le
train, le rapide quotidien de l'Ouest, lorsqu'il aura passé
Montréal, s'en ira d'un seul galop vers les grandes
plaines à blé qui sont encore plus désertes, encore plus
neuves ; vers les provinces et les villes dont les noms
mêlent les consonances britanniques et les vieilles
consonances indiennes : le Manitoba, la Saskatchewan,
l'Alberta ; Winnipeg, Neepawa, Calgary ; vers Vancouver, qui s'ouvre sur le Pacifique et sur l'Orient...

Et voici qu'il sort de sa rêverie et que, dans l'attente
de ces noms barbares, il trouve sous ses yeux des noms
si familiers qu'il en reste étonné d'abord, puis ému. Les
noms des stations qui défilent, ce sont : Pont Rouge,
Saint-Basile, Grondines, Grandes Piles, Trois-Rivières...

Sur les quais de bois, devant les petites gares cons-
truites en madriers à peine dégrossis, les gens qui
s'abordent ou se quittent, en face des portières des longs
wagons américains, échangent des paroles d'adieu ou de
bienvenue en un français traînant et doux ; et l'on voit
des femmes passer, alertes, accortes, dont les toilettes ne
sont peut-être pas celles du Boulevard, mais dont la
mine, la mise et le maintien crient qu'elles sont françaises jusqu'à la moelle, qu'elles ont tout gardé des
femmes de notre pays, ici entre le grand fleuve qui ne
sera plus qu'une coulée de glace le mois prochain, et la
lisière des grandes forêts mal connues.

Le train repart ; un employé circule entre les banquettes, offrant des magazines américains, de la gomme
à mâcher, des cigares ou des sucreries. Il offre tout cela
d'une voix nasale de Yankee, surprenante à des oreilles

accoutumées aux accents anglais ; mais voici que pour répondre à une question soudaine il s'arrête et se campe, familier ; et sa voix change tout à coup.

— Ouais ! fait-il. J'ai ben *Le Soleil* de Québec, mais point *La Presse*, je l'aurai point avant ce souer. Ben oui, M'sieu ! Vous pouvez fumer icitte, pour sûr !

Il s'éloigne, alternant, pour vanter sa marchandise, son nasillement de Yankee et son parler savoureux de paysan picard ou normand. Et au milieu de la large campagne austère, où la culture s'espace et disparaît souvent, les vieux noms de France se succèdent toujours.

Pointe du Lac, l'Épiphanie, Cabane Ronde, Terrebonne...

... Terrebonne ! Ils ont trouvé que la glèbe du septentrion répondait suffisamment à leur labeur, ces paysans opiniâtres, et ils sont restés là depuis deux cents ans. C'est à peine s'ils ont modifié, pour se défendre contre le froid homicide, le costume traditionnel du pays d'où ils venaient ; tout le reste, langue, croyances, coutumes, ils l'ont gardé intact, sans arrogance, presque sans y songer, sur ce continent nouveau, au milieu de populations étrangères ; comme si un sentiment inné, naïf, et que d'aucuns jugeront incompréhensible, leur avait enseigné qu'altérer en quoi que ce fût ce qu'ils avaient emporté avec eux de France, et emprunter quoi que ce fût à une autre race, c'eût été déchoir un peu.

LE SPORT DE LA MARCHE I

À l'époque où nous vivons, époque où l'on n'entend parler de toutes parts que d'exploits de cyclistes, d'automobilistes et d'aviateurs, il n'est peut-être pas inutile de rappeler aux hommes, de temps en temps, qu'ils ont des jambes et que le sport qui consiste à s'en servir de la manière la plus naturelle — le sport de la marche — est un des plus beaux sports qui soient, en même temps que le plus simple et le moins coûteux de tous.

Pour ceux des lecteurs de *La Presse* à qui la marche, en tant que sport, n'est pas très bien connue, je rappellerai brièvement les diverses manières dont elle est pratiquée dans les pays où elle est le plus en honneur.

La marche, comme presque tous les sports de locomotion, est pratiquée soit sur piste, soit sur route. De la marche sur piste je ne dirai que quelques mots, juste assez pour montrer que ce n'est, en somme, qu'un exercice artificiel et qui présente bien des inconvénients.

On utilise, à cet effet, les pistes de course à pied, comme il en existe dans la plupart des pays où les sports athlétiques sont en honneur. Le costume des marcheurs est le même que celui des coureurs : maillot mince à manches courtes et culottes flottantes de toile ou de satinette. Leurs chaussures sont pourtant différentes parce qu'il est indispensable pour marcher de porter des chaussures à talons ; les marcheurs ont donc des souliers bas, s'arrêtant à la cheville et munis de talons plats.

Lorsqu'on sait que les marcheurs les plus rapides atteignent sur piste, dans des épreuves de deux milles, une vitesse de près de huit milles à l'heure, il est facile de se rendre compte que leur allure ne ressemble en rien à celle d'un paisible promeneur. C'est en effet une allure artificielle qui, au premier coup d'œil, semble tenir plus de la course que de la marche, et la difficulté consiste précisément à discerner le point exact où un homme cesse de marcher et commence à courir. Il y a des juges qui ont pour mission exclusive de surveiller les marcheurs et de disqualifier sur-le-champ tous ceux dont l'allure ne serait pas correcte. Mais c'est si difficile à juger que presque chaque juge a une méthode à lui pour justifier ses décisions : l'un regarde les épaules des marcheurs, un autre surveillera les genoux, un troisième enfin fera porter toute son attention sur le mouvement des pieds.

On s'imagine aisément quels mécontentements et quelles réclamations soulève chaque disqualification d'un marcheur, lorsque celui-ci est de bonne foi et a cru marcher correctement.

Pour toutes ces raisons le sport de la marche sur piste ne jouit pas d'une grande faveur. La Fédération qui régit toutes les sociétés françaises de sports athlétiques a même abandonné toutes ses épreuves de marche. En Angleterre, deux épreuves de marche sont encore inscrites au programme des championnats nationaux ; mais j'ai moi-même vu cet été une de ces épreuves donner lieu à une vive polémique, un des juges ayant disqualifié un concurrent allemand qui était de beaucoup le plus rapide de tous et qui semblait bien marcher correctement, de l'avis même de la plupart des personnes compétentes.

Reste la marche sur route. Elle se pratique naturellement sur des distances beaucoup plus longues, à une allure plus modérée et partant plus naturelle. Deux distances classiques sont : 25 milles, soit à peu près la distance sur laquelle se dispute la course de Marathon ; soit 50 milles, distance favorite en Angleterre, parce que c'est celle qui sépare Londres de Brighton, et que ce parcours est le plus usité pour toutes les courses et tentatives de records.

Mais la distance de 25 milles est bien suffisante pour mettre à l'épreuve des jeunes gens encore peu entraînés. Presque tout jeune homme robuste peut, après deux ou trois semaines de pratique, couvrir cette distance en cinq heures environ. Lorsqu'il aura pris part à une ou deux marches de ce genre, il pourra alors s'habituer à des distances plus considérables, et, finalement, pourvu qu'il soit bien doué et que le feu sacré l'anime, il pourra aspirer à imiter ces Français de France dont la renommée s'est étendue si loin, il y a quelques années : Péguet, Ramogé, etc. qui accomplissaient leurs exploits sur des distances de 500 milles et plus, comme dans les marches Paris-Belfort-Paris, Toulouse-Paris, etc.

Lorsqu'il s'agit de distances aussi grandes, il n'est plus besoin d'adopter un costume spécial. De vieux vêtements ne gênant en rien les mouvements du corps, un maillot de laine, de forts souliers déjà assouplis aux pieds, voilà tout le nécessaire. Où trouverait-on un sport moins coûteux que celui-là ?

Je suis certain de ne pas importuner les Canadiens français en leur parlant de ce qui s'est fait et se fait encore en France. Or, il y a eu en France, il y a quelques années, un réel mouvement d'enthousiasme en faveur du sport de la marche, et cet enthousiasme n'est pas mort. L'on a vu d'abord certains journaux influents, et que l'amour du sport animait, organiser ces longues marches de ville à ville dans lesquelles se sont révélés des marcheurs admirables d'endurance et d'énergie. D'autres journaux ont ensuite cherché à mettre ces épreuves de marche à la portée de tous en réduisant les distances, et c'est alors que s'est disputée autour de Paris, et dans tout le reste de la France, une série de marches de corporations, réunissant chacune les jeunes gens faisant partie d'une profession, d'un corps de métier : les employés de magasins de nouveautés ou de bureau, les commis de l'épicerie, de la boucherie, de la boulangerie, les ouvriers de toutes sortes. Et chacune de ces marches a servi de révélation à toute une foule de jeunes athlètes pleins de valeur, dont les noms sont devenus presque célèbres du jour au lendemain, jeunes gens qui ont donné par leurs aptitudes physiques et leur courage une preuve nouvelle — si cette preuve était nécessaire — que la race française n'avait rien perdu de sa vaillance.

On me dit que le sport de la marche ne jouit pas parmi les Canadiens français de la faveur qu'il mérite. S'il en est ainsi, il est temps que quelques personnalités influentes et dévouées au sport prennent l'initiative à la première occasion favorable.

La race canadienne-française, autant que j'ai pu le constater au cours d'un séjour qui ne fait que commencer, possède d'incomparables qualités physiques. En tant que Français, je préfère ne pas faire de comparaison entre mes compatriotes et leurs frères du Canada parce que cette comparaison serait peu favorable aux Français de France. L'épanouissement sportif qui s'est produit en France au cours de ces dernières années ne peut laisser les Canadiens indifférents, et si l'occasion leur en est donnée, ils auront à cœur de prouver que leur ardeur sportive et leur courage sont à la mesure de leurs capacités athlétiques, et qu'ils sont du moins les égaux et de leurs amis anglais et de leurs cousins de France.

Ce qu'il ne faut pas perdre de vue enfin, c'est que si de jeunes Parisiens ont eu assez d'enthousiasme pour accomplir de longues marches dans des quartiers de banlieue bien peu attrayants, ou sur de longues routes monotones traversant des contrées souvent peu pittoresques, les jeunes marcheurs canadiens ont au contraire sous la main un des pays les plus beaux du monde, pas encore enlaidi par d'interminables rangées de maisons, pourvu de bois, de montagnes, de sites charmants ou sauvages — toute une nature magnifique qui doit doubler le plaisir de la marche.

Je souhaite donc qu'un temps vienne bientôt où les jeunes gens de la Province de Québec prendront part à de longues épreuves de marche, soit dans les environs de la métropole, soit entre cette métropole et d'autres villes éloignées ; qu'il y ait des records établis pour ces parcours entre villes, que chaque jeune marcheur ambitionnera de briser. Et je ne crains pas de le répéter encore : la marche est un des sports les plus sains qui existent, un des plus simples et des plus passionnants. Je ne doute pas que, si l'occasion leur en est un jour donnée, les jeunes Canadiens de la Province de Québec n'accomplissent des exploits dont la renommée s'étendra loin, et qui donneront une nouvelle preuve éclatante de la valeur de leur race et de leur nation.

La Presse, 28 octobre 1911, p. 12.

LE SPORT DE LA MARCHE II

Un journal américain passait l'autre jour en revue les chances de victoire des différentes nations aux Jeux olympiques qui, on le sait, vont avoir lieu à Stockholm, en 1912. L'attention de notre confrère des États-Unis se portait naturellement surtout sur les chances de victoires des athlètes américains, et il s'inquiétait de prévoir aussi exactement que possible quels concurrents étrangers seraient les plus redoutables pour eux et pourraient éventuellement leur ravir la palme dans cette gigantesque compétition mondiale.

Il étudiait les mérites des meilleurs hommes d'Angleterre, toujours redoutables sur les longues distances : Veight, MacNicol, Wilson ; il pesait la valeur des Allemands qui, cette année même, donnaient, à Londres, au cours des championnats anglais, une si éclatante preuve de leur qualité, en remportant quatre épreuves ; il n'oubliait pas enfin les progrès considérables accomplis par les Suédois eux-mêmes qui, cette fois, auront l'avantage de lutter chez eux. L'Italie, qui, aux derniers Jeux olympiques, produisait des hommes comme Dorando Pietri, qui fit, dans le Marathon, l'étonnant effort que l'on sait, comme Lunghi, le merveilleux spécialiste du demi-siècle, la France, disposant de coureurs comme Faillot, comme Rouen, le vainqueur du dernier Cross des cinq nations, comme Meunier, le vainqueur réel sinon officiel du championnat d'Angleterre de 120 verges haies — tous ces pays méritaient également qu'on se souvînt d'eux.

Enfin, le journaliste américain, qui complétait cette liste, prenait en considération l'appoint sérieux que devaient apporter au contingent britannique les athlètes coloniaux, et parmi ces derniers citait les noms de quelques Canadiens qui semblaient à craindre. Mais tous ceux-ci étaient des Anglo-Saxons, venant de Toronto, de Vancouver, de Winnipeg, et c'était en vain que l'on cherchait parmi ces noms le nom de quelque Canadien français jugé digne d'une mention honorable.

Pourquoi ? La race canadienne-française s'est-elle donc complètement désintéressée du sport ? Les jeunes Canadiens français ne désireraient-ils pas qu'un des leurs inscrivît un jour son nom sur le livre d'or de la grande joute olympique ? Se reconnaissent-ils donc inférieurs, incapables de disputer la victoire aux Anglo-Saxons ? Il n'en est rien. En d'autres sports, ils ont maintes fois prouvé leur valeur. En course à pied, il y a quelques jours à peine qu'un Canadien français remportait à Montréal une victoire éclatante. Tous ses compatriotes ont dû, en lisant la nouvelle de sa victoire, ressentir une légitime fierté : quelle occasion bien plus belle n'auraient-ils donc pas de s'enorgueillir si quelque Canadien français arrivait à triompher dans une des épreuves olympiques futures, sinon l'an prochain !

Ce n'est certes pas la qualité athlétique qui leur manque. Si de jeunes Français ont pu, dans ces dernières années, remporter d'éclatantes victoires sur leurs adversaires anglais ou autres, tant en course à pied qu'au football, en boxe, en cyclisme, etc., que ne peut-on pas attendre d'une race qui, issue de la même souche, a puisé une jeunesse et une santé nouvelle et décuplé sa vigueur en plantant ses racines dans le sol du nouveau monde !

Que l'on ne donne pas non plus comme objection le chiffre encore restreint de la population canadienne-française. Ce chiffre n'est pas très élevé, il est vrai ; mais c'est un fait indiscutable que, grâce à leur origine, grâce à la rude vie saine et fortifiante que leurs ancêtres ont menée, les Canadiens français d'aujourd'hui comptent dans leur nombre une porportion d'individus robustes et résistants bien plus forte qu'aucune nation européenne. Il y a là une véritable pépinière d'athlètes qui n'attend, pour se développer, qu'une impulsion nouvelle et plus vigoureuse.

Cette impulsion, qui doit répandre par toute la masse de la population jeune un goût et une pratique des sports qui sont encore trop rares, comment la donner ?

Il n'y a qu'une réponse possible. Le seul moyen est d'organiser partout et toutes les fois qu'il sera possible des épreuves sportives de propagande auxquelles on s'efforcera de donner un grand retentissement. Et c'est à dessein que nous disons « de progagande » car ces épreuves ne devront pas être de celles qui profitent financièrement à un ou deux clubs, et athlétiquement aux quelques joueurs ou concurrents déjà exercés et entraînés qui y prennent part. Elles devront attirer le plus grand

nombre possible de nouveaux venus au sport, et, pour
cela, il faudra essentiellement qu'elles portent sur un
sport peu coûteux et facile à pratiquer.

Dans certains pays d'Europe, les épreuves cyclistes
ont été les premières à attirer l'attention de la foule et à
implanter dans la jeunesse l'amour des exercices physiques. C'est ce qui s'est passé en France ; mais il ne faut
pas perdre de vue que la France, de même que les
vieilles nations européennes, possèdent depuis d'innombrables années un réseau très complet de routes excellentes, qui ont naturellement favorisé le développement
du sport cycliste. En est-il de même dans l'Amérique du
Nord et en particulier au Canada ? Il est évident que non.
Dans ces contrées relativement jeunes les routes ne se
développent souvent que plus lentement que les voies
ferrées, et elles n'arriveront pas à la perfection d'ici
longtemps.

Il faudra donc choisir quelque autre sport qui n'exige
pas cette perfection et qui soit pourtant susceptible de
frapper l'imagination des masses à la fois par la distance
accomplie et parce que l'épreuve sportive en question ira
pour ainsi dire les chercher chez elles, sans qu'elles aient
à se déranger pour la voir.

L'on arrive donc forcément à la conclusion que le
sport de la marche et celui de la course, deux sports
frères en somme, sont les plus propres à jouer le rôle de
sports de propagande. Des deux, la marche paraîtrait
préférable, comme étant un sport plus naturel et plus
aisé ; mais pour les très longues distances, l'on pourrait
sans inconvénient laisser l'allure au choix des com-
pétiteurs, c'est-à-dire faire de ces épreuves ce que les
Anglais appellent des « go-as-you-please races ».

Étant destinées à frapper l'imagination des masses, ces épreuves devraient assurément avoir lieu sur de très longues distances. Des parcours Trois-Rivières-Montréal, Sherbrooke-Montréal, ou même Québec-Montréal ne seraient pas trop longs. Au premier coup d'œil, des distances semblables peuvent paraître décidément exagérées et propres à épuiser les coureurs qui les franchissent ; mais il a été prouvé maintes fois qu'il est indispensable de frapper un grand coup pour commencer et pour implanter fermement un sport, il faut, dès l'abord, et hardiment, accomplir ce qui pouvait paraître quasi impossible aux profanes.

C'est ce qui a été fait en Europe. Paris-Brest en cyclisme, et Paris-Belfort en marche, pour la France ; pour l'Angleterre, les randonnées colossales de Land's End à John O'Greats, voilà autant d'épreuves devant lesquelles les sceptiques ont hoché la tête, qu'ils ont traitées de tentatives déraisonnables, de folies ; mais ce sont elles qui ont donné au mouvement sportif sa première et définitive impulsion.

Le Canada français est loin d'être un nouveau venu au sport ; il en a donné maintes preuves, mais tous ceux qui s'intéressent vivement et sincèrement à son avenir sportif souhaitent que cet avenir soit vingt fois plus fécond et plus brillant que le présent.

Quelques restrictions devraient pourtant être imposées pour ces épreuves colossales de propagande. Un contrôle sévère, d'abord, qui garantira la régularité de l'épreuve. Ensuite, les concurrents devront tous être des athlètes entraînés, en parfaite condition physique, et non des adolescents, doués de plus d'enthousiasme que de résistance à la fatigue. Ils seraient scrupuleusement examinés par un médecin avant le départ et ne partiraient qu'avec son approbation.

Une dernière question se pose : À quelle catégorie d'athlètes s'adresseront ces épreuves : Amateurs ou professionnels ? Si l'on a surtout en vue l'encouragement du sport dans les masses de la population et la production éventuelle de marcheurs ou coureurs susceptibles de prendre part avec succès aux Jeux olympiques, il est évident que les professionnels sont hors de cause. Mais il y a du pour et du contre, et c'est une question qui mérite d'être discutée plus à loisir.

On dira : « Vous prêchez à des convertis. La jeunesse canadienne-française aime et pratique le sport et n'a pas besoin de tant d'encouragements et de conseils prétentieux. » À cela, il suffira de répondre que le monde entier aura les yeux fixés sur l'arène de Stockholm où, l'été prochain, se disputeront les Jeux olympiques, et, dans cinq ans, sur quelque autre arène semblable ; que toutes les races et nations y seront représentées et que chacune d'elles acclamera avec une légitime vanité les victoires de ses nationaux ; et que, tôt ou tard, la race canadienne-française devra s'affirmer, en tant que race, dans le domaine du sport comme elle s'affirme et s'affirmera dans les autres domaines, et que chacun de ses fils devrait nourrir l'ambition de descendre un jour dans cette arène et de remporter une victoire dont tous ses compatriotes s'enorgueilliraient, même et surtout, peut-être, ceux qui, à présent, font profession de dédaigner la cause sportive.

La Presse, 4 novembre 1911, p. 12.

LE SPORT ET LA RACE

Il y a quinze jours environ, à Londres, dans un match de boxe comptant pour le championnat d'Europe de la catégorie des poids mi-moyens, ou welter weights, Georges Carpentier, champion de France, a battu décisivement Young Josephs, champion d'Angleterre, remportant ainsi le championnat d'Europe précité et s'assurant le droit exclusif de combattre le champion d'Amérique, par exemple, pour le titre de champion du monde.

« En quoi cela peut-il nous intéresser, nous Canadiens ? » diront peut-être certains de nos lecteurs. C'est ce que je voudrais essayer de leur montrer.

Nos amis, les Anglais — et le signataire de ces lignes, qui a vécu parmi eux, écrit « nos amis » le plus sincèrement du monde, — sont une race éminemment sportive. Or, comme la plupart des gens de sport, ils éprouvent, malgré eux, un certain mépris instinctif pour ceux qui ne s'y livrent pas. De plus, ils ont, avec toutes leurs qualités, certaines faiblesses : une d'elles est une opinion d'eux-mêmes qui est excellente, à juste titre, combinée avec une opinion des autres races, qui pour être le plus souvent poliment dissimulée, n'est pas moins un tant soit peu dédaigneuse.

Il y a une quinzaine d'années tout au plus, les Anglais étaient, en Europe tout au moins, maîtres incontestés du royaume des sports, et cela pour une bonne raison : c'est qu'aucune autre race ne s'en occupait. Seulement, la masse du peuple anglais ne songeait pas à chercher les causes et ne voyait que les résultats. Elle voyait qu'aucun pays ne cherchait à disputer la palme à ses compatriotes, dans aucun sport ni concours athlétique, et elle en était venue tout naturellement à se figurer que c'était parce que les autres nations reconnaissaient la supériorité physique des habitants des îles britanniques et se reconnaissaient d'avance vaincues. De là, un certain orgueil tranquille que rien ne semblait devoir troubler.

Et puis, voici qu'en quinze ans, tout a changé. Les athlètes américains se sont montrés presque invincibles dans les épreuves athlétiques. Des équipes de rameurs belges ont remporté le « Grand Challenge Cup », la plus importante épreuve d'aviron des régates de Henley. En athlétisme encore, des coureurs allemands triomphent à Londres même dans trois championnats d'Angleterre ; des coureurs français font de même, et enfin, dans le sport qui semblait être le plus essentiellement anglais, celui de la boxe, ça a été depuis deux ans une suite presque ininterrompue de victoires françaises culminant dans celle dont j'ai parlé au début de cet article.

Quel a été le résultat de tout cela ? Le résultat a été un revirement étonnamment complet de l'opinion anglaise au sujet des capacités physiques des autres nations. Ce fut, pour la masse du peuple anglais, une surprise profonde de voir ses meilleurs hommes battus par des Allemands, des Belges, des Français, etc., et ils ont fini par comprendre, à la longue, que toutes ces races-là étaient, athlétiquement, sensiblement égales à la leur.

Le Français en particulier avait toujours joui, en Angleterre, d'une réputation de maladresse grotesque dans tous les exercices du corps. Pour prendre comme exemple un autre sport dont nous n'avons pas encore parlé — l'hippisme — il est difficile d'ouvrir un ancien numéro du *Punch,* le fameux journal satirique anglais, sans trouver une caricature représentant un Français à cheval, désespérément accroché à la crinière, sur le point de tomber, et suppliant qu'on vienne à son secours. La simple juxtaposition d'un Français et d'un cheval semblait évidemment aux Anglais de cette époque quelque chose de comique. Or, depuis trois ou quatre ans, la « Horse Show » de Londres a été rendue bien plus importante que par le passé et comprend maintenant des concours divers de sauts d'obstacles ouverts aux cavaliers et aux officiers des différentes nations. Que s'est-il passé ? Sur trois épreuves, les équipes françaises ont été classées deux fois premières et une fois deuxième. Seuls leur disputaient la palme les cavaliers belges, italiens ou russes ; les Anglais étaient en queue de la liste. Résultat inattendu : les caricatures du *Punch* sur les Français à cheval ont à peu près disparu...

Les gens qui ne connaissent pas très intimement le peuple anglais — j'entends par là les Anglais d'Angleterre — et qui ne se doutent pas à quel point ce peuple s'intéresse au sport et fait du sport un critérium pour juger les gens, ne peuvent se faire une idée de l'influence réelle qu'ont ces victoires sportives françaises sur les rapports des deux pays.

Le brave ouvrier anglais (et, en somme, c'est lui qui forme la masse de l'opinion) n'avait auparavant des Français que l'idée de petits êtres comiques et presque simiesques, qu'il ne lui fût jamais venu à l'esprit de regarder comme ses égaux en quoi que ce soit. Or, en quelques années, cet ouvrier a lu dans son journal du matin que des athlètes français battaient leurs concurrents anglais, en France d'abord, puis en Angleterre, tout à côté de lui ; qu'une équipe française de football rugby triomphait dans un des grands matchs internationaux de l'équipe d'Écosse ; que les coureurs de fond français venaient gagner des courses de Marathon à Londres, à Édimbourg et ailleurs. Et, enfin, cet ouvrier anglais voit de ses propres yeux des boxeurs français battre aisément les champions anglais de leur catégorie.

De sorte que son point de vue change peu à peu et complètement, et que lorsqu'on lui parle d'amitié franco-anglaise, d'entente cordiale, il se sent plein de sympathie pour une nation qui prouve qu'elle peut le battre à ses propres sports, et il se sent prêt à songer à la race française avec respect et à la considérer comme l'égale de la sienne. C'est ce qui s'est passé et ce qui se passe encore, et les diplomates ont reçu, de ce côté-là, et probablement sans s'en apercevoir, une aide inattendue.

Et maintenant, il devient facile de deviner où je veux en venir, et en quoi les remarques qui précèdent s'adressent aux Canadiens français, voués à vivre côte à côte avec une population anglaise.

Évidemment, les conditions ne sont pas les mêmes ici qu'en Europe ; les deux races française et anglaise étant en contact immédiat et constant sur le sol canadien, elles n'entretiennent guère l'une envers l'autre les préjugés stupides qui proviennent surtout de l'éloignement et de l'ignorance ; et les Anglais d'ici ne sont pas non plus absolument pareils aux Anglais d'Angleterre. Mais ils n'en conservent pas moins ces deux caractéristiques essentielles : l'amour du sport ; et une certaine tendance innée à se croire destinés par la Providence à tenir le haut du pavé — du pavé sportif comme des autres.

Voilà pourquoi le sport, parmi les Canadiens français doit être question nationale. Il faut se garder d'exagérer : leur existence et leur indépendance pratique ne dépendent pas du résultat de courses ou de matches de football ! Mais il est suffisant de se rendre compte que lorsque les Anglais verront les Canadiens français leur tenir tête et les battre souvent dans la plupart des sports et jeux auxquels ils se livrent eux-mêmes, ils n'en ressentiront que plus de respect pour eux.

Est-ce ainsi que les choses se passent ? Je laisse à des personnes mieux informées que moi de l'état du sport canadien, le soin de répondre. S'ils trouvent qu'à côté de sports où les Canadiens français brillent, il en est d'autres dont ils semblent se désintéresser, ne doivent-ils pas faire tous leurs efforts, non pas une fois, mais aussi souvent qu'il le faudra, pour créer d'abord, développer ensuite, ces sports négligés ?

Pour cela, il faut de l'argent, de l'influence, et surtout de l'enthousiasme. Si un enthousiasme réel existait, l'argent et l'influence ne seraient pas introuvables. Et quant à la recette pratique pour créer l'enthousiasme, il semble bien qu'elle soit la même dans tous les pays : grandes épreuves de propagande sportive, portant sur un sport facile à pratiquer et peu coûteux. Elles seules pourront introduire le goût du sport parmi cette partie trop nombreuse de la jeunesse canadienne qui y reste encore indifférente. Quand cette indifférence aura été secouée, on verra des noms français en tête des listes de vainqueurs dans la plupart des grandes épreuves sportives de l'Amérique du Nord.

Et je n'ai rien dit des heureux résultats qu'aurait, au point de vue de l'hygiène, un développement semblable du goût des exercices physiques. Cela seul devrait pourtant suffire à fouetter le zèle de tous les Canadiens français qui s'intéressent à la bonne santé et à la bonne renommée de leur race, et se rendent compte que le sport peut y aider.

La Presse, 11 novembre 1911, p. 12.

LE SPORT ET L'ARGENT

Le titre ci-dessus pourrait faire croire que c'est de la question toujours brûlante de l'amateurisme et du professionnalisme que je vais parler aujourd'hui. Ce n'est pas tout à fait cela ; évidemment il est difficile de traiter des rapports de l'argent et du sport sans toucher à cette question, mais je désirerais m'occuper plus particulièrement d'un autre aspect de ces rapports.

Cet aspect est celui-ci : jusqu'à quel point est-il indispensable qu'un sport « paye » tant ceux qui s'y livrent que les organisateurs qui s'y intéressent ? Quels sont les sports qui sont naturellement propres à « payer » et quels sont les autres ? Et, parmi ces derniers, est-il des sports, qui ne payeront jamais, qui méritent pourtant d'être conservés et encouragés, et comment peut-on y parvenir ?

L'étude des différents sports qui « payent », dans les différents pays du monde est assez intéressante en elle-même, et mérite mieux qu'une simple énumération. En effet, nous trouvons que certains sports sont dans un pays une source de richesse pour leurs organisateurs, et dans le pays voisin une source de pertes. Chaque pays a un certain nombre de sports favoris. Les autres sports, il les ignore ou les dédaigne ; mais dans certains cas c'est parce que ces sports n'ont pas été assez énergiquement poussés à leur début. Autrement le goût public aurait fini par s'y laisser attirer, et les pertes financières du commencement se seraient transformées à la longue en de coquets bénéfices.

Il y a certains sports qui apparaissent destinés par leur nature même à être des sports « payants ». De ce nombre sont les sports de combat, c'est-à-dire la lutte et la boxe.

La lutte a été un sport payant dès son origine probablement dans tous les pays du monde ; mais d'abord sur une petite échelle. En Angleterre, tous les mineurs et ouvriers du Lancashire et d'autres districts du Nord sont fanatiques de lutte, et certains des champions locaux jouissent d'une sorte de célébrité.

En France, dans tout le Midi, plus spécialement du côté de Bordeaux et aussi dans la vallée du Rhône, la lutte est aussi tenue en grande estime, et beaucoup de lutteurs connus sont venus de ces districts. Mais pendant longtemps ils se sont contentés de lutter dans des baraques foraines, qui allaient de foire en foire dans les diverses villes ou bourgades. Ce n'est guère qu'il y a quinze ans environ qu'un journal sportif illustré eut l'idée d'organiser un grand tournoi de lutte à Paris, sur la scène d'un music-hall. Ce fut un succès colossal, et des tournois semblables ont été organisés depuis, presque tous les ans ; souvent même plusieurs établissements se faisaient concurrence et se disputaient les meilleurs lutteurs en offrant de grosses sommes comme prix.

Que s'est-il passé ? Ces tournois sont peu à peu tombés dans le plus complet discrédit, parce que l'appât du gain avait poussé les lutteurs à s'entendre entre eux à l'avance pour se partager les prix. On comprend que leurs luttes n'étaient plus que de simples rencontres amicales où ils ne montraient aucune énergie et qui cessaient peu à peu de passionner le public, pour qui la fraude devenait trop apparente. Pour employer les termes consacrés du monde de la lutte, c'était du « chiqué », par opposition à la « beurre », qu'est la lutte sincère et violente. L'histoire détaillée et illustrée d'anecdotes de cette décadence de la lutte en France pourrait peut-être intéresser les Canadiens français de Montréal ; mais le manque de place m'oblige à n'en pas dire plus long, et certains lutteurs actuellement très en vue ici préféreront peut-être cela.

En Angleterre, la même chose exactement s'est produite. La lutte (au genre libre et non au genre gréco-romain comme en France) a joui un moment d'une grande popularité, surtout au moment des luttes de Hackenschmidt et de Madrali. Puis, on a vu des rencontres autour desquelles on avait fait grand fracas et qui, quand des révélations ont été faites, se sont trouvées être des affaires de famille, entre deux frères ou cousins, affublés de noms différents, et qui s'entendaient pour berner le public.

Il n'est pas moins vrai que la lutte est, par sa nature même, un sport qui attire le public payant, et que, malgré des éclipses momentanées, il sera toujours facile de le faire « payer ».

Il en est de même de la boxe. Je n'ai pas besoin de

rappeler qu'en Angleterre les combats à poings nus autrefois, et, plus récemment, les assauts livrés avec les gants de quatre ou huit onces ont toujours eu le don d'intéresser la masse de la population et d'attirer de grosses foules. Il semble bien pourtant que le moment de la décadence soit arrivé pour ce sport en Angleterre, au lieu qu'en France, où il en est encore à ses débuts, il se développe d'année en année. L'on trouve maintenant des organisateurs, à Paris, prêts à donner des bourses de $ 20 000 et même plus pour de grands combats, certains qu'ils sont de rentrer dans leurs frais et de réaliser encore un beau bénéfice.

La boxe peut donc être mise au tout premier rang des sports qui se suffisent à eux-mêmes ; des sports qui « payent ».

À mon avis, parmi les autres sports il en est un qui, lancé habilement, peut arriver à payer dans la plupart des pays du monde. C'est le football.

Le football association, tel qu'il est joué par les équipes professionnelles anglaises, est probablement le sport le plus payant du monde, et les recettes perçues aux portes d'entrée des divers terrains de jeu un seul samedi constitueraient toutes ensemble une somme colossale. En France, il n'en est pas ainsi, et la faveur du public semble se porter vers le football rugby, qui n'est guère joué que par des équipes d'amateurs. On ne voit pas encore là des foules comme en Angleterre, mais un public de vingt mille spectateurs à une partie s'est déjà vu, et ces chiffres iront probablement en augmentant. Aux États-Unis, bien que le public s'intéresse surtout aux parties entre les équipes des collèges, équipes naturellement composées d'amateurs, les foules sont assez fortes pour prouver que le football a le don de les intéresser fortement.

À côté de ces trois sports pris comme exemples, la lutte, la boxe et le football, sports qui attirent aisément le public, sports qu'il est facile de rendre « payants », parce qu'ils prennent place dans des endroits clos où il faut payer sa place, songeons un peu maintenant à d'autres sports qui ne payent pas, qui ne payeront jamais, et qui méritent pourtant d'être encouragés.

La marche ou la course sur de longues distances sur route ; les courses d'aviron ; dans une certaine mesure, la natation. Ne sont-ce pas des sports excellents, aussi hygiéniques qu'aucun autre, aussi intéressants ? Pourtant, comment serait-il possible de les faire payer ? On ne peut pour une marche ou une course de vingt-cinq milles empêcher le public de venir voir passer les coureurs sans débourser un cent. On ne peut l'empêcher de venir sur les bords d'une rivière et de suivre les régates des yeux lorsqu'il y en a.

Voilà donc des sports qui ne peuvent être payants ; des sports qui n'intéressent pas ces organisateurs qui ne cherchent qu'un gain financier. Il n'y a pas de recettes à espérer ; cela leur suffit, ils ne s'en occuperont jamais.

Faudrait-il donc laisser ces sports-là végéter ou mourir ? Tous les vrais amateurs de sports répondront non. Et il serait même facile de faire remarquer que ces sports-là seront ceux qui resteront les plus sincères et les plus honnêtes, justement parce que l'argent n'y joue pas un grand rôle.

Comment s'y prendre pour conserver et développer

ces sports ? De petits clubs d'amateurs, abandonnés à leurs seules ressources, ne peuvent guère y parvenir, quels que soient leur enthousiasme et le dévouement de leurs membres ! D'où leur viendra l'aide ?

Je n'ai pas la prétention de résoudre le problème : il me suffit de le poser. La solution ne peut guère résider que dans la formation de ligues sportives puissantes par le nombre, qui, au lieu de chercher avant tout à faire des bénéfices, chercheront à encourager les sports utiles et pourtant incapables de payer pour eux-mêmes. Si l'on pouvait aider ces sports au moyen d'argent obtenu par l'exploitation des autres sports, qui, eux, payent, cela n'en vaudrait que mieux.

À défaut de cela, il faut espérer que des particuliers à la bourse bien garnie se prendront un beau jour d'enthousiasme pour les sports dont nous avons parlé plus haut, et les aideront de leurs deniers.

Et en dernier ressort, il faudrait peut-être compter sur l'intervention de quelques journaux qui trouveraient là une occasion de faire œuvre utile à la jeunesse et en même temps de se faire à eux-mêmes d'excellente réclame. Cela a déjà été fait ailleurs. Pourquoi pas ici ?

La Presse, 18 novembre 1911, p. 12.

ROUTES ET VÉHICULES

L'innocent Européen qui a passé le plus clair de sa vie à Paris ou à Londres se doute bien, pour l'avoir lu, que les voies de communication de la jeune Amérique et les véhicules qui les sillonnent sont quelque peu différents de ce que l'on trouve dans les pays efféminés, moisis, croulants, etc., (voir presse américaine) de la vieille Europe. Mais le contraste, pour être prévu, n'en est pas moins frappant.

Il a vu, par exemple, cet Européen, certaines avenues de Paris à de certaines heures, où les voitures à chevaux sont si rares que chacune d'elles semble un anachronisme un peu comique, un groupe de musée rétrospectif qui serait miraculeusement revenu à la vie et sorti dans les rues.

Il a vu le dernier omnibus à chevaux de Londres, à son avant-dernier voyage, descendre mélancoliquement Tottenham Court Road, lent et morne comme un corbillard, au trot découragé de deux pauvres bêtes qui, à chaque foulée trébuchante, secouent la tête de droite à gauche comme si elles échangeaient les réponses d'une messe d'enterrement.

« Jamais plus... Jamais plus nous n'irons de Crouch End à Victoria en longeant les trottoirs... Jamais plus... »

Surtout cet Européen s'est accoutumé à trouver partout dans les villes des rues qui sont des rues, et presque partout entre les villes des routes qui sont des routes, de sorte que, lorsqu'il débarque dans le coin de l'Amérique du Nord où la civilisation est la plus ancienne, et qu'il trouve là des rues qui ressemblent à de très mauvaises routes et des routes qui ne ressemblent à rien, il est tout de même un peu étonné.

*

Les rues de Québec et les routes qui entourent Québec ! Leur état, surtout à l'automne, et les voitures diverses qu'on y voit circuler ! Ces rues, ces routes et ces voitures sont curieuses parce qu'elles présentent une série de contrastes qu'on ne retrouve nulle part ailleurs.

On y voit là, par exemple, surtout dans la ville basse, des ruelles qui semblent vieilles de deux siècles, et le sont quelquefois. Étroites et tortueuses, flanquées de très anciennes maisons françaises, elles rampent au pied de la colline du Fort, reproduisant avec une fidélité touchante certains aspects de petites villes de nos provinces. Seulement, en deux siècles, on n'a pas trouvé le temps, apparemment, de les paver ni de les macadamiser, et l'on s'est contenté de les border de trottoirs en planches entre lesquels un insondable abîme de boue s'étend, à la saison des pluies.

Dès qu'on sort de la vieille ville, on trouve les rues droites des villes américaines. Même boue prodigieuse, mêmes trottoirs en planches, mais, des deux côtés, ce sont maintenant les rustiques maisons de bois des États de l'Ouest.

Encore un mille ou deux, et sans passer par l'état intermédiaire de route, la rue devient brusquement une piste rudimentaire qui s'en va, sans façon, à travers la campagne sans s'encombrer de bas-côtés, de fossés, ni de haies, escaladant les monticules, descendant dans les creux, décrivant çà et là de petites courbes opportunistes pour éviter une souche ou un bloc de pierre...

*

Mais les voitures de Québec sont encore bien plus intéressantes que les rues. Des automobiles ? Évidemment, il y a des automobiles, mais elles ne représentent qu'une infime minorité et, lorsqu'on a vu les rues, routes ou pistes dont elles disposent, on regarde passer chacune d'elles avec un respect profond, comme si c'était la seule et miraculeuse survivante d'un « reliability trial » vraiment par trop dur.

Ce sont les « calèches » qu'on remarque surtout. La calèche de Québec est une institution ; elle, son cheval et son cocher forment un tout complet et indivisible, qui ne peut avoir son pareil nulle part au monde. On dit que le type de la calèche a été maintenu pur et sans retouche depuis Louis XV. Cela me paraît difficile à croire ; on a certainement dû le remanier un peu et remonter par degrés à des modèles beaucoup plus anciens, à en juger par ceux qui circulent à présent.

Et puis, à côté de ces vénérables reliques, voici que

passent les « buggies » américains ou d'autres véhicules encore plus rudimentaires, attelés de jolis chevaux, d'aspect fin et pourtant fruste, crottés jusqu'au poitrail, comme s'ils venaient seulement d'émerger des fondrières des districts de colonisation.

Les calèches antiques se débattant héroïquement dans la boue des pistes, le long des trottoirs de bois, entre les maisons de bois qui ressemblent encore aux primitives huttes des défricheurs — ou bien un « buggy » mettant sans vergogne sa note insolemment moderne au milieu des vieilles rues de la ville basse — voilà deux contrastes jumeaux qui résument un peu tout Québec et tout ce vieux recoin d'un jeune continent.

L'Auto, 5 janvier 1912, p. 1.

LES RAQUETTEURS

La rue Sainte-Catherine était en émoi ce soir. Les « chars » et les « traînes » ne passaient qu'avec difficulté, lentement, après force sonneries de grelots ou appels de timbres ; et bien que le thermomètre marquât 15 degrés au-dessous de zéro, un nombre respectable de curieux bordait les trottoirs et regardait avec admiration défiler les raquetteurs.

Les raquetteurs sont de ces gens qui forcent l'attention, surtout lorsqu'ils sont rassemblés au nombre de deux ou trois cents, tous en uniforme. Ils portent des bonnets de laine de bandits calabrais, dont la pointe leur retombe sur l'épaule ; des vareuses épaisses serrées à la taille par des ceintures ; aux jambes, des « chausses » collantes, qui viennent s'enfoncer dans des mocassins de peau de daim. Et chaque société a ses couleurs, qui ont dû faire l'objet de longues méditations : vareuses grises et chausses rouges ; vareuses blanches à parements bleus ou tricolores ; ensemble grenat... le tout semé à profusion de houppes, de broderies et de galons. Ils se savent beaux, les gaillards ! Et lorsqu'ils remontent la rue Sainte-Catherine ou le boulevard Saint-Laurent, comme ce soir, marchant en file indienne, clairons en tête, ceux de leurs amis qui les regardent passer ne manquent jamais de les héler avec insistance et s'honorent du moindre geste vague qui vient de leur côté.

*

Les raquetteurs, encore qu'ils soient typiquement canadiens par bien des points, ont quelques traits en commun avec nos excellentes sociétés de gymnastique ; entre autres, le culte des uniformes, de la parade, des cuivres et des drapeaux.

Une autre ressemblance découle du fait que, de même que certaines sociétés de gymnastique comptent parmi leurs membres quelques gymnastes, ainsi les raquetteurs poussent l'héroïsme jusqu'à chausser quelquefois leurs raquettes à neige, par-dessus les pittoresques mocassins, pour aller faire de véritables promenades sur de la véritable neige, qui ne manque certes pas.

Mais j'ai tout lieu de croire qu'ils ne prennent que rarement des moyens aussi extrêmes pour maintenir leur prestige. Bien plus souvent et bien plus volontiers, ils se réunissent pour jouer à l'euchre ou pour danser ou encore pour dîner ensemble ; dans ce dernier cas, ils relèvent généralement le caractère de leur réunion en faisant suivre le dîner de longues fumeries musicales auxquelles ils donnent le nom de « concerts-boucanes », ce qui sonne fort bien.

Le compte rendu des exploits d'une société de raquetteurs à l'occasion de Noël pourra être instructif. Je reproduis à peu près textuellement le récit du journal local.

« ... La société " les Coureurs des Bois " a fait sa grande expédition coutumière à l'occasion de la messe de minuit, que tous les membres sont allés entendre à l'église de Boucherville.

« Partis du siège social au nombre de trente, tous dans leur coquet uniforme, et précédés de leurs tambours et clairons, ils ont suivi à pied la rue Sainte-Catherine jusqu'à la rue Bleury, où ils ont pris le " char " (canadien pour tramway). En descendant du char, ils ont pris place dans le chemin de fer électrique de la rive Sud, qui les a menés à Longueuil. Là, ils ont trouvé plusieurs voitures mises à leur disposition par les notabilités locales, et le reste du trajet fut accompli promptement et gaiement.

« Une fois la messe de minuit entendue, ils se sont rendus à l'hôtel X..., où leur fut servi un réveillon copieux et succulent, qui dura tard dans la nuit. Les " Coureurs des Bois " se sont séparés en se promettant de faire encore dans le courant de l'année plusieurs grandes expéditions semblables... »

Que voilà des Coureurs des Bois qui comprennent la vie, et que leurs « expéditions » sont raisonnablement organisées ! L'on serait vraiment tout déçu d'apprendre quelque jour qu'un membre d'une aussi intelligente société a chaussé d'incommodes raquettes et trotté dans la neige pendant de longues heures sans y être forcé. Mais c'est peu vraisemblable.

*

Ce soir, ils étaient tous là : « les Coureurs des Bois », « les Montagnards », « les Boucaniers » et aussi « le Cercle paroissial Saint-Georges » et les « Zouaves de l'Enfant-Jésus ». La raison de leur assemblée, je n'en suis pas bien sûr ; mais je crois me souvenir qu'ils allaient assister en corps au premier grand match de hockey sur glace de la saison, et encourager de toutes leurs forces un club français qui luttait contre un club anglais. De sorte que nos raquetteurs sont de vrais hommes de sport, après tout.

Et un remords me vient de les avoir un peu plaisantés. D'abord, parce que ce sont d'honnêtes garçons qui s'amusent honnêtement et que leur goût pour les beaux costumes, les bons dîners et les fanfares bruyantes est le plus naturel du monde. Ensuite, parce que de temps à autre, ils font réellement usage de leurs raquettes et que certains d'entre eux sont des athlètes éprouvés. Enfin, et surtout, parce que, dans les rues de la plus grande ville d'une possession britannique, leurs clairons sonnent le « garde-à-vous » français et « la casquette » et que sur le traîneau qui les précédait, au-dessus de deux drapeaux anglais, deux « Union Jacks » bien gentils, pas très grands, de vrais petits drapeaux de politesse, il y avait un gigantesque tricolore qui claquait dans le vent froid et secouait ses rectangles de bleu et de sang au-dessus de la neige des rues.

L'Auto, 11 avril 1912, p. 1.

UNE COURSE DANS LA NEIGE

Des publications sportives françaises font paraître, avec des légendes pathétiques, des photographies de spectateurs qui, douillettement enveloppés de pelisses et de couvertures de voyage, assistent à un match de foot-ball par un froid de zéro degré centigrade, ou à peu près.

À quel vocabulaire lyrique, extasié, faudrait-il donc avoir recours pour célébrer la petite foule héroïque qui stationnait dans la neige, au pied du Mont-Royal, à seule fin de voir le départ et l'arrivée du steeple-chase annuel en raquettes organisé par la presse de Montréal ?

Le thermomètre accusait 25° au-dessous de zéro, température à partir de laquelle les indigènes commencent à remarquer qu'il fait « un peu frouet », et songent à relever le col de leur pardessus. Certains même — les efféminés ! — revêtent une paire de chaussettes supplémentaire, et cachent sous des bonnets de laine ou de fourrure leurs oreilles, qui ont une tendance fâcheuse à se congeler quand on les néglige. Mais une fois ces précautions prises, ils estiment qu'une heure et demie de piétinement dans la neige, sous le vent glacé qui râpe la peau et met des stalactites dans les moustaches, n'offre pas d'inconvénients bien sérieux.

Même du pied de la montagne, l'on domine déjà Montréal, et l'on a sous les yeux l'étendue de la ville aux toits plats tapissés de blanc, et la courbe du Saint-Laurent figé, immobile, qui ne se réveillera qu'en avril.

*

Le départ se fait attendre — les Canadiens français copient pieusement sur ce point-là les habitudes de leur ancienne patrie — de sorte que les spectateurs surveillent, pour tuer le temps, les ébats de ces autres fanatiques qui ont aussi abandonné le coin du feu pour passer leur après-midi du samedi dans la neige. Tout près, ils ont transformé deux cents mètres d'ondulations nues en une piste rudimentaire pour leurs luges, et y font la navette avec une ténacité touchante. D'autres chaussent leurs skis et escaladent le flanc de la montagne péniblement, en crabes ou bien avec des zigzags ingénieux, comme on approche des villes assiégées. Et d'autres encore, tout cuirassés de sweaters, des mocassins aux pieds, mettent leurs raquettes et partent de ce trottinement curieux d'ours qu'elles imposent.

Les coureurs, eux, sont à l'abri, dans un vestiaire bien chauffé, et se gardent d'en sortir. De temps en temps, quelques officiels mettent le nez à la porte, puis rentrent, et chaque fois la vision brève du poêle chauffé à blanc, et des bienheureux assis en cercle qui font fumer leurs semelles, répand parmi le public à demi gelé une sorte de frénésie. Il se précipite, invoque pour influencer l'intraitable gardien des titres honorifiques, des protections ou des parentés puissantes :

— Monsieur le gardien, je suis secrétaire adjoint du Cercle Paroissial de Saint-Zotique.

— Moi, j'ai mon frère là-dedans qui m'attend pour que je le frictionne.

— Et je veux parler au président des Montagnards qui me connaît depuis l'enfance...

Mais le gardien qui bouche la porte, rôti d'un côté, gelé de l'autre, esquisse un sourire cruel, et saint Zotique lui-même ne prévaudra pas contre lui...

*

Enfin le départ est donné, et les favoris prennent de suite la tête. Ils courent en traînant forcément les pieds, et font passer leurs raquettes l'une par-dessus l'autre, à chaque foulée, avec un déhanchement un peu lourd, mais qui n'est pas sans beauté. N'était leur costume — maillot de laine qui couvre tout le corps et bonnet de laine — on songerait, en les voyant, à ceux de leurs compatriotes qui ont élevé leurs maisons de bois à côté des campements des « sauvages », semant l'immense territoire qui s'étend entre le Saint-Laurent et la baie d'Hudson, et qui s'en vont par les beaux matins froids visiter leurs trappes, les raquettes aux pieds, trottinant sur la neige profonde.

Une seule tristesse : le vainqueur de la course n'est pas, cette année, un « Canayen », c'est un « Anglâ ». Mais derrière lui vient un peloton d'hommes aux noms français... Dubeau... Clouette... Robillard...

Si j'ai jamais parlé des raquetteurs de Montréal avec irrévérence, que l'on me permette de faire amende honorable pendant qu'il est temps. C'est « de la belle race », et leurs cousins d'outre-mer ne trouveront guère de raisons de rougir d'eux.

L'Auto, 8 mai 1912, p. 1.

LES HOMMES DU BOIS

La Tuque — Juin

J'espère que les typographes respecteront ce titre et ne feront des habitants de cette partie de la province de Québec ni des hommes de bois ni des gorilles. Ce sont tout simplement de braves gens qui vivent du bois, c'est-à-dire de l'industrie du bois, et cela si exclusivement que le reste de l'industrie humaine demeure pour eux plein de mystère. Ils viennent de s'abattre sur La Tuque, ces derniers jours, venant des chantiers du Nord, et célèbrent présentement leur retour à la civilisation par des réjouissances de la sorte qu'il est impossible d'ignorer.

La Tuque est une ville fort intéressante. Je dis ville parce qu'il y a un bureau de poste et que traiter de village une localité canadienne ainsi favorisée ce serait ameuter toute la population contre soi !

Deux lignes de chemin de fer y passent. Seulement, l'une d'elles est desservie par un matériel roulant un peu capricieux, qui déraille volontiers. Lorsque le cas se présente, une ou deux fois par semaine en moyenne, les voyageurs s'empressent de descendre et s'unissent au

mécanicien et au conducteur pour décider le matériel
roulant, « engin » et « chars » — pour parler canadien —
à remonter sur les rails, à grand renfort de crics, de
billots et de barres de fer. Ils y parviennent généralement. L'autre ligne est plus importante : c'est celle du
Transcontinental, qui ne mérite pourtant pas encore ce
nom, car sur la carte le trait plein qui indique les tron-
çons terminés ne se rencontre que sous forme de très
petits vers noirs isolés, que séparent d'interminables
serpents de pointillé...

Seulement, cette partie de la ligne qui s'étend au
nord de La Tuque et sur laquelle les trains ne passeront
pas avant bien des mois a déjà trouvé son utilisation :
elle sert de route aux hommes qui reviennent des
chantiers.

Depuis quelques jours on les voit passer par groupes
de trois ou quatre, marchant sur les traverses avec l'air
d'obstination tranquille de ceux qui sont habitués aux
durs travaux. Ils ont au moins un trait en commun : la
peau couleur de brique que leur ont donnée le soleil, la
pluie et la réverbération de la neige. Pour le reste ils sont
splendidement disparates : courts et massifs, grands et
maigres avec des membres longs qu'on devine terriblement durcis par la besogne ; vêtus de chemises de laine,
de gilets de chasse à même la peau, de pantalons de toile
mince dont les jambes s'enfouissent de façon assez
inattendue dans plusieurs bas et chaussettes de grosse
laine superposés — dernier vestige de la défense contre
le grand froid de l'hiver — chaussés de bottes ou de
mocassins de peau souple, ils s'en vont vers la civilisation et le genièvre de La Tuque, côte à côte, mais sans

rien se dire, ayant passé tout l'hiver et tout le printemps ensemble.

Ils portent toutes leurs possessions terrestres sur leur dos, dans des sacs, paniers ou valises, à la mode indienne, reposant au creux des reins, avec une courroie qui leur passe sur le front. Et il y en a qui ne portent rien et s'en vont en balançant les bras déguenillés et magnifiques, comme des sages pour qui les vêtements et le linge de rechange sont des choses de peu de prix.

*

Parallèlement à la voie, la rivière Saint-Maurice roule les innombrables troncs d'arbres qu'ils ont abattus, et qui s'en vont, sans payer de fret ni de port, vers les fabriques de pulpe et les scieries du Sud. De novembre à avril ils ont manié la hache, jusqu'aux genoux dans la neige ; d'avril à juin ils ont travaillé au traînage et au flottage du bois, avec le divertissement occasionnel d'une chute dans l'eau encore glacée : système de culture physique qui n'est exposé dans aucun livre, mais assurément incomparable, et que complète le retour au monde civilisé, une promenade de soixante, quatre-vingts milles ou plus, par des sentiers de forêt ou sur les traverses d'une ligne de chemin de fer, avec tous leurs biens sur le dos.

Comment s'étonner que, ayant touché hier le produit de huit mois de paye accumulée, ils aient passé toute leur matinée à acquérir des chemises jaune tendre, des cravates violettes et des chapeaux de paille à ruban bleu, et qu'ils fassent cet après-midi un noble effort pour boire tout ce qu'il y a de genièvre à La Tuque, tâche héroïque et digne d'eux.

Ce sont tous sans exception des Canadiens français, et même dans l'ivresse ils restent inoffensifs et foncièrement bons garçons, enclins à adresser au barman qui les pousse dehors, des reproches plaintifs, lui rappelant vingt fois de suite « qu'ils ont bien connu son père » —, souvenir qui laisse le barman froid, mais les émeut, eux, jusqu'aux larmes.

Vus ainsi, ivres de l'ivresse prompte qui suit de longs mois de sobriété, ils ne sont que pitoyables et ne donnent pas une bien haute idée de leur race. Mais voici que ce matin quelques-uns d'entre eux m'ont vu déployer une carte de la province du Québec et se sont approchés, curieux comme des sauvages devant un objet inconnu. Ils se sont fait montrer Montréal, et Québec, et la rivière Saint-Maurice, et La Tuque. « Oui. C'est ça ; c'est bien ça. Tu vois, Tite ? » Plus haut que La Tuque la carte ne montrait plus de villages ni d'accidents de terrain, plus rien que le tracé approximatif des cours d'eau, minces lignes noires sur le papier vert pâle qui représente la solitude de l'Ungava s'étendant à l'infini vers la baie de Saint-James et le cercle arctique.

Mais les bûcherons ont repris la nomenclature là où la carte l'abandonnait, et ont tout à coup peuplé la solitude. De gros doigts se sont promenés sur le papier :

— Ici, c'est Wendigo. Un peu plus loin c'est le Grand Portage ; puis la rivière Croche ; l'île Vermillon — notre chantier était par là — et un peu plus loin encore les rapides Blancs, et la rivière du Petit-Rocher...

Les bûcherons ne désirent point les aventures ; ils ne demandent qu'un bon chantier, de larges platées de fèves au lard, une ou deux journées de chasse dans l'hiver, une ou deux journées de pêche au printemps, puis le retour à la civilisation et quelques ripailles. Mais il est bon de se rappeler que ce sont leurs ancêtres, des hommes tout pareils à eux, qui ont arpenté les premiers cette partie de l'Amérique et qui ont fait que d'un bout à l'autre du territoire canadien, de Gaspé à Vancouver, l'on rencontre partout des noms français.

L'Auto, 31 août 1912, p. 1.

LE FUSIL À CARTOUCHE

Hier Pacifique Pesant s'est acheté un fusil à cartouche.

Il a quitté le camp à l'aube ; deux heures de canot et trois heures de voiture — un Canadien qui se respecte ne marche pas sur les routes — l'ont amené au monde civilisé, représenté en l'espèce par le village de Péribonka et son unique magasin. Le soir il était de retour, ayant échangé un nombre de piastres qu'il ne veut pas avouer contre un fusil à un coup, de fabrication américaine, d'un calibre qu'il ignore, ce qui n'a aucune importance, puisqu'on lui a vendu en même temps des cartouches d'un diamètre à peu près approprié. Car c'est un fusil à cartouche.

Il le regarde avec un tendre orgueil, fait jouer la bascule vingt fois sans se blaser sur ce miracle et répète à voix basse :

— Voilà longtemps que j'avais envie d'un fusil à cartouche !

Des fusils à capsule, il explique qu'il en a eu ; je ne serais pas étonné qu'il se fût servi d'un fusil à pierre. Mais un fusil à cartouche...

Aujourd'hui lundi, tout le monde retourne dans le bois, pour continuer l'exploration du tracé sur lequel, quelque matin miraculeux de l'an 192..., doivent passer « les chars ». Pacifique Pesant part avec les autres et, naturellement, il emporte son fusil à cartouche.

Il emporte sa hache aussi, puisqu'il est « bûcheur », et cet attirail redoutable, la hache sur une épaule, le fusil sur l'autre, n'est pas sans l'impressionner lui-même. Tous les hôtes du bois, de l'écureuil à l'orignal, doivent en frissonner dans leurs retraites ; sans parler de la présence du métis Trèfle Siméon, qui sait si bien lancer les pierres...

Mais la matinée se passe ; les bûcheurs bûchent, les chaîneurs chaînent, chacun fait son ouvrage, et Pacifique Pesant, qui toutes les trente secondes doit poser au pied d'un arbre, pour se servir de sa hache, le fusil à cartouche, sonde en vain d'un œil aigu les profondeurs du bois. Tout à l'heure on a traversé une piste d'ours ; mais chacun sait que les petits ours noirs du pays sont trop méfiants et trop farouches pour se laisser voir ; pour le caribou, ou l'orignal, il faudrait remonter encore un peu plus haut sur les rivières ; mais enfin du petit gibier, de la perdrix de savane, du lièvre, le bois en est plein. Quel instinct obscur leur enseigne que Pacifique est au nombre de ceux dont il faut se cacher, depuis qu'il a un fusil à cartouche ?

À midi, l'on s'arrête ; on abat un beau cyprès sec, dont le bois imprégné de gomme fait en quelques minutes une haute flambée, et l'on commence à manger, pendant que l'eau du thé chauffe. Pacifique Pesant s'est installé sur un tronc couché à terre ; il a appuyé contre ce tronc le fusil à cartouche, avec des précautions infinies, et la faim lui fait oublier pour quelques courts instants le désir de tuer qui le dévore.

Or, voici qu'entre les épinettes, à travers les taillis d'aulnes, un lièvre, un beau lièvre gras surgit au petit galop, sans hâte ; il passe entre Pacifique Pesant et le feu, saute un arbre tombé et s'éloigne, flegmatique, de l'air d'un lièvre sérieux qui ne peut vraiment pas remettre ses affaires ni se détourner de son chemin parce qu'il lui arrive de rencontrer un feu, douze hommes et un fusil à cartouche !

Pacifique Pesant a laissé tomber sa tranche de pain savoureusement enduite de graisse de rôti ; d'une main il empoigne le fusil, pendant que l'autre fouille fiévreusement dans une poche pour y trouver des cartouches.

Hélas ! le lièvre est déjà entré à jamais dans l'asile sûr du bois, du grand bois obscur qui s'étend de là jusqu'à la baie d'Hudson sans une clairière.

La journée s'avance ; le ciel pâlit entre le feuillage sombre des sapins et des cyprès. Or, le deuxième chaîneur lève tout à coup les yeux, regarde un instant et pousse un grand cri.

— Pacifique... une perdrix !

Pacifique laisse sa hache dans le bouleau qu'il était en train d'abattre, et part en galopant à travers les arbres tombés, brandissant son fusil à cartouche. La perdrix, selon la coutume des perdrix canadiennes, considère l'homme comme un animal bruyant, indiscret, mais peu dangereux. (Peut-être, au fait, n'en a-t-elle jamais vu ?) Elle reste donc immobile sur sa branche et médite, pendant que le chasseur vient se placer au-dessous d'elle.

En quelques secondes son fusil est chargé, armé, et il épaule avec une moue d'importance. Mais le métis Trèfle Siméon s'est glissé derrrière lui, rapide et subtil comme ses ancêtres sauvages : il a ramassé une pierre, et au moment solennel, voici que la petite masse grise sur laquelle Pacifique braquait laborieusement son fusil à cartouche fait une culbute inattendue et tombe, la tête fracassée par le plus primitif des projectiles.

Le reste de la journée n'est qu'une longue amertume. La nuit tombe ; l'on reprend le chemin des tentes, et soudain quelqu'un montre à Pacifique un écureuil qui s'agriffe au tronc d'une épinette, à dix pieds de terre.

— Tiens ! voilà du gibier pour toi !

L'ironie est flagrante ; mais Pacifique hésite longtemps et finit par tirer. L'écureuil, atteint en plein corps, presque à bout portant, monte tout droit vers le ciel, et quelques instants plus tard des débris de peau et des miettes de chair saignante retombent.

Pacifique Pesant les contemple avec le mépris qui convient, pour bien faire comprendre à tous que ce n'était là qu'une expérience. Mais son honnête visage a quitté le deuil et ses lèvres rassérénées murmurent :

— Voilà longtemps que j'avais envie d'un fusil à cartouche !

L'Auto, 9 avril 1913, p. 1.

DRIVING

Pourquoi, dira-t-on, exprimer par un mot anglais l'art de mener des chevaux attelés le long des chemins — lorsqu'il y a des chemins — dans un pays de langue française ? Je n'en sais trop rien. Peut-être parce que c'est plus court. Peut-être encore parce que, en France, on désigne généralement cet art sous le nom « Les Guides ». Or, dans nos districts reculés de la province de Québec, l'on ne dit pas « guides », mais « cordeaux », et l'on tient lesdits cordeaux un dans chaque poing bien serré, les bras écartés, un peu dans la position qu'avaient jadis de Civry ou Fournier au guidon des premiers vélocipèdes.

Ce doit être indiciblement monotone pour un homme qui a été seulement une fois en automobile de suivre, en voiture attelée, une route quelconque en France, une insipide route dépourvue de souches et de monticules, où deux véhicules peuvent se croiser sans que l'un des deux entre dans le bois. Les chemins canadiens offrent heureusement plus d'imprévu, et puis les habitants du pays n'ont pas été rendus difficiles par l'usage d'automobiles ni même par leur vue fréquente puisque, sur le chemin qui fait le tour du lac Saint-Jean, il n'en est encore passé que deux depuis le commencement des temps, malgré la proximité relative d'Américains assoiffés d'aventures et de conquêtes.

Tout le monde va en voiture au pays de Québec. Un homme qui marche le long des routes est, par définition, un « quêteux » et un suspect. Quant à celui qui, possédant un cheval, l'enfourche au lieu de l'atteler et se promène ainsi, il sème derrière lui la stupeur et des hochements de tête pareils à ceux que suscite la description de coutumes inouïes, incompréhensibles, et plus barbares mille fois que celles des Indiens Montagnais qui passent ici au printemps et à l'automne.

*

En octobre la neige vient, et bientôt après tous les véhicules à roues reprennent dans la remise les places qu'ils avaient quittées cinq mois auparavant. Les voitures d'hiver les remplacent sur les chemins, sauf lorsqu'une tempête de neige a bloqué ces derniers.

Alors pendant deux ou trois jours aucun traîneau ni voiture ne passe ; les paysans, dont chacun doit entretenir le morceau de chemin qui longe sa terre, attellent leur plus fort cheval sur la « gratte » et creusent patiemment une route dans la neige qui leur monte à la ceinture et parfois aux épaules. Le cheval enseveli, lui aussi, s'affole et se cabre dans la neige ; l'homme s'accroche désespérément aux manches de la « gratte » et se laisse traîner, raidissant ses forts poignets, hurlant des ordres ou des injures sans malice.

— Hue ! Dia ! Harrié ! Hue donc, grand malvenant ! déshonneur de cheval !

La neige vole ; le cheval et l'homme en émergent peu à peu, blanchis jusqu'au cou, tous deux arc-boutés et luttant en forcenés contre l'inertie terrible de la masse blanche ; l'un soufflant de toutes ses forces à travers ses naseaux dilatés, l'autre criant tour à tour des insultes sanglantes et des reproches badins.

... Ce n'est rien, ô citadin ! Ce n'est qu'un paysan canadien qui gratte son chemin parce que le « Norouâ » a soufflé hier un peu fort...

Mener sur une route de neige ferme un bon trotteur attelé à un traîneau léger est assurément un plaisir sans mélange ; mais pour celui qui sait à l'occasion faire fi des joies de la vitesse, il est quelque chose de plus attirant encore : conduire à travers bois, le long d'un chemin de chantier, le grand traîneau chargé de billots d'épinette et de sapin.

C'est peut-être le commencement de l'hiver : il est tombé juste assez de neige pour tapisser le sol d'une couche épaisse d'un pied sous laquelle saillent encore les grosses racines et les rondeurs des arbres tombés et à moitié enfoncés dans la terre. Naturellement l'on n'a cure ni des troncs d'arbres, ni des racines, pourvu que le cheval soit fort et la neige assez glissante. On charge l'une après l'autre, raidissant l'échine et tendant les bras, les lourdes pièces de bois, on assujettit la chaîne autour d'elles et on la serre en halant à deux le tendeur flexible fait d'un jeune bouleau. Et l'on part.

Le vent froid brûle la peau comme une râpe ; dans le bois les haches des bûcherons sonnent sur les troncs secs ; la jument au large poitrail plante les pieds dans la neige et tire furieusement. Le grand traîneau semelé d'acier démarre, se heurte aux racines et aux souches et dérape de l'arrière, se cabre par-dessus les troncs d'arbres abattus, puis retombe avec fracas, et l'homme qui est campé sur la charge, s'arc-boute pour résister aux chocs et aux bonds subits du traîneau, et bien que retenant à pleins bras la grande jument ardente, à la bouche dure, il ne peut s'empêcher de lui crier des encouragements que les terribles cahots saccadent. Et il se grise du mouvement, du crissement de la neige écrasée, du vacarme du bois et du fer, de toute la force déployée, du vent froid qui vient lui mordre le palais quand il crie.

Oui ! Le cheval *est* la plus noble conquête de l'homme, ne vous en déplaise.

Et puis, lorsqu'il a offensé son conquérant, celui-ci a toujours la ressource de prendre les cordeaux et de lui fouailler les flancs, consolation que désirerait passionnément maint chauffeur arrêté au bord de la route et qui s'efforce vainement de pénétrer le mystère d'un carburateur espiègle.

L'Auto, 26 août 1913, p. 1.

LETTRES

Québec, vendredi 18 octobre 1911.

Ma chère maman,

Bien arrivé à Québec après une excellente et très agréable traversée. Mer à peu près aussi redoutable que la Seine au pont des Arts. Cette semaine à bord m'a fait autant de bien qu'un mois de vacances, et j'ai dû fortement engraisser. Température très douce ici, ce qui continuera probablement jusqu'en novembre. J'ai fait connaissance sur le bateau avec un missionnaire (de Dinan), qui m'a donné toutes sortes de renseignements utiles.

Je continuerai probablement sur Montréal demain soir. Tu pourras voir sur la carte qu'il ne s'agit que d'un court trajet.

Je ne puis naturellement pas donner mon adresse avant d'en avoir une, c'est-à-dire d'ici trois ou quatre jours. Si vous aviez quelque chose d'urgent à me faire savoir, écrivez à mon nom « poste restante » Montréal. Autrement attendez que je vous donne mon adresse. Je regrette de ne pas pouvoir rester plus longtemps à Québec, qui est une ville extrêmement intéressante. (...)

*

1230, rue St-Hubert
Montréal
Canada

                                        28 oct. 1911.

Ma chère maman,
Tu trouveras ci-dessus ma nouvelle adresse. Je suis
à Montréal depuis le commencement de la semaine, mais
viens seulement de retenir une chambre.

Ma lettre de Québec vous aura appris que j'ai fait un
excellent voyage. Depuis, le temps a été assez beau et
encore clément, sauf un peu de neige hier. Mais c'était
une pauvre petite neige genre européen qui fondait à
mesure ; la vraie ne viendra guère qu'en novembre.
Aujourd'hui le soleil brille. Le climat et le régime me
vont à merveille. Le pays me plaît et je crois que ça
marchera bien.

Je commence à parler canadien comme un indigène.
Je prends les « chars » (tramways électriques), je parle
tout naturellement de la « chambre de bains » et de la
« chambre à dîner » sur le même « plancher » (étage)
etc... C'est une langue bien curieuse. (...)

                    *

Boîte Postale 1131
Montréal
                              mardi 28 nov. 1911.

Ma chère maman,
Je trouve aujourd'hui ton câble, mais n'arrive pas
bien à comprendre ce qui t'inquiète. Tu as eu plusieurs

fois des nouvelles de moi depuis que j'ai passé l'eau, et comme il n'y a ici ni tremblements de terre, ni épidémie, et que les Indiens ont cessé leurs attaques subites depuis un bon siècle ou deux, je suis aussi parfaitement en sûreté ici qu'à Mornington Crescent ou rue Vauquelin.

Mais je tâcherai d'écrire plus fréquemment en attendant que vous vous habituiez à l'idée que l'Amérique est partiellement civilisée. (...)

Tout à fait inutile d'envoyer le moindre argent, ni maintenant, ni pour le jour de l'an, ni plus tard. Je n'ai pas éprouvé grande difficulté à m'assurer le pain quotidien, accompagné d'une quantité raisonnable de steaks et de côtelettes. Heureusement, car le climat porte à la santé : j'ai d'ailleurs promptement adopté les mœurs locales sur le point, et si tu me voyais prendre pour « petit déjeuner » du matin deux côtelettes de veau avec des pommes de terre et des petits pains chauds, tes inquiétudes subsisteraient peut-être, mais sous une autre forme. Je connais un restaurant bienheureux où l'on a tout cela, avec du café, pour quinze sous. Car la nourriture est bon marché, si le reste est cher.

Comme j'avais acheté à Londres avant de partir tout ce qu'il me faut comme vêtements de dessus et de dessous, me voilà prêt à tout, et sans besoins aucuns.

D'ailleurs il n'a pas fait bien froid jusqu'ici, deux ou trois périodes de quelques jours où le thermomètre est descendu à 8 ou 10 au-dessous, pour remonter bientôt ; et pas mal de neige dans les rues, neige qui y est restée depuis trois semaines sous des formes diverses, glace, boue, etc... Le vrai hiver canadien n'est pas encore venu.

Montréal n'est pas une ville bien plaisante, malgré

sa taille (500 000 habitants). D'abord elle ressemble trop
à l'Europe, et je crois bien que je m'en irai plus loin dans
l'Ouest au printemps. Mais en attendant me voilà installé
en plein luxe pour l'hiver. (...)

*

Boîte 1131
Montréal

5 décembre 1911.

Ma chère maman,
(...) Pas grand'chose à ajouter à ce que je disais dans
ma dernière lettre ; je suis en pleine prospérité — relative — ; le climat me va à merveille, et les manières un
peu abruptes des indigènes me conviennent aussi fort
bien. Mais Montréal est une sale ville pour les pauvres
diables, pendant l'hiver.

Dimanche dernier a été une des plus belles journées
que j'ai encore vues ; température de 12 à 15 au-dessous
(Centigrade), mais ciel d'Italie et soleil éclatant au point
qu'il paraît idiot de mettre un pardessus. Le St-Laurent
avait commencé à geler un peu, mais ce soir le thermomètre remonte, sans remonter au zéro toutefois.

Tu pourrais peut-être m'envoyer un journal de temps
en temps, tous les quinze jours par exemple, ou bien
quand tu m'écris. Naturellement il y a des journaux
français ici ; mais ils ne sont sont pas de première force,
sauf pour les nouvelles locales : « Courrier de... », « Les
jeunes filles de notre ville répètent de jolis cantiques
pour les fêtes de Noël. » ou bien : « Notre concitoyen

Mr Gagnon et son épouse sont allés en promenade chez leurs parents de Québec pour quelques jours. » etc... C'est patriarcal, mais faiblard.

Quant au « vieux français » du Canada, à Montréal tout au moins on n'en voit guère trace. C'est tout simplement le mauvais français anglicisé qu'on entend surtout. Dans les campagnes la langue est peut-être plus intéressante, mais je n'ai guère le loisir de me promener en ce moment. Au printemps... (...)

*

Boîte 1131
Montréal

21 décembre 1911.

Ma chère maman,

(...) Et surtout si vous pensez à moi au moment de la nouvelle année, que ce soit sans l'ombre de souci. Je suis gras, heureux et confortable ; je touche des appointements énormes avec ponctualité, si énormes que vous aurez peine à le croire, je commence à faire des économies ! Quand le printemps viendra, j'aurai un bas de laine, et je quitterai Montréal avec sérénité, et sans regret. Car c'est une ville peu pittoresque, et en somme trop pareille à celles de la vieille Europe.

Au milieu de tant de prospérité, j'ai transporté ma clientèle du restaurant à quinze sous à un autre restaurant à vingt-cinq sous, très distingué ; si distingué qu'on a des couteaux à dessert ! Ceci est, à Montréal, l'indice du luxe le plus effréné, et je crois que certains indigènes voient cela avec tristesse, et considèrent ces raffinements comme une marque de mollesse décadente, bonne pour vos vieux pays moisis d'Europe.

Le climat continue à être changeant, et, somme toute, désillusionnant. Le St-Laurent n'est toujours pas gelé, et la neige n'est guère épaisse dans les rues. Mais attendons... (...)

*

Boîte 1131
Montréal

6 février 1912

Ma chère maman,

(...) Dans une lettre récente tu faisais allusion à la magnificence de mes ressources ; je crains que tu n'aies pris un peu trop littéralement l'expression de contentement d'une âme simple, que la perspective de faire plusieurs vrais repas par jour, d'avoir une chambre à lui tout seul, et de se faire blanchir de temps en temps, charmait. Mais tu as un moyen bien simple de te réjouir en pensant à ton fils et à sa prospérité ; songe perpétuellement qu'il a toujours bon nombre de billets de banque en poche. Car la monnaie métallique ne va ici que jusqu'au demi-dollar (2 f 50) et à partir d'un dollar tout est papier. De sorte que je sors fréquemment d'une poche de pantalons, d'un beau geste négligent, une liasse de billets ; n'est-ce pas, à cent sous chaque...

L'hiver canadien a du bon : d'abord il ne fait pas bien froid, ensuite quand il tombe quelque chose ce n'est jamais que de la neige, et cette neige-là reste et ne fond pas. Et il y a souvent des journées magnifiques. Le thermomètre n'oscille guère qu'entre 10 et 20 au-dessous, température raisonnable et saine à laquelle on s'habitue en un rien de temps. Inutile de dire que depuis six semaines déjà le Saint-Laurent est gelé, et qu'on le traverse à pied, en voiture, etc... sur une piste spécialement déblayée. Quand je dis voitures, il faut lire traîneaux, naturellement, car les véhicules à roues ont disparu depuis longtemps.

Côté distractions ; si mes goûts me poussaient au mélodrame, je pourrais aller voir ceux qui se jouent ici régulièrement, changeant toutes les semaines ou presque. *La Grâce de Dieu, Les Fils du Menuisier*, etc... en un mot tout le répertoire de l'Ambigu. Oh ! Nous sommes une ville intellectuelle et gaie ! (...)

*

Montréal

mardi 27 février 1912.

Bonne Poule,

(...) Ici temps assez variable ; une nouvelle petite attaque de 30° au-dessous, puis quelques tempêtes de neige. Au demeurant, le climat le plus sain du monde, sans plaisanterie. Maman me dit qu'il y a eu un papier dans *La Patrie*. C'est bien possible, encore que je n'en sache rien. C'est Marsillac, correspondant de *La Presse* et qui connaît les légumes de la « Presse-Patrie » qui avait suggéré qu'il me placerait quelques proses là-dedans ; mais je n'ai pas l'intention de continuer.

(...)

*

Boîte 1131
Montréal

13 mars 1912.

Ma chère maman,

(...) Le printemps vient ; il suffit de regarder l'alma-nach pour s'en assurer. Seulement c'est l'almanach qu'il faut regarder, et non le trottoir, car il y a toujours de pittoresques amoncellements de neige dans les rues, le thermomètre se maintient avec le plus grand soin au-dessous de zéro et l'on continue à traverser le Saint-Laurent en traîneau. À part de la neige de temps en temps, ce matin par exemple, il fait d'ailleurs fort beau et je ne suis guère pressé de voir arriver la fonte, qui doit être un joli gâchis. Car il y a quelques millions de mètres cubes de neige dans les rues de Montréal, et comme on s'en remet au soleil d'avril, et aux premières pluies, du soin de les faire disparaître, les bottes d'égoutier suffi-raient à peine à protéger les pauvres piétons.

Rien de nouveau d'ailleurs. À part quelques meur-tres journaliers, à l'instar des grandes capitales, Montréal est bien tranquille, et les journaux locaux en sont réduits à remplir leurs colonnes de discussions, parlementaires ou autres, sur les écoles catholiques dans le Manitoba, et autres sujets également passionnants, dont je me surfiche. (...)

*

Boîte 1131
Montréal

mercredi 17 avril [1912].

Ma chère maman,

Rien de nouveau depuis ma dernière lettre, ou carte ;
en ce qui me concerne, s'entend, car pour le reste il y a
comme actualité la rencontre d'un bateau [le *Titanic*] de
quarante mille tonnes, valeur dans les cinquante millions
de francs avec la cargaison, et d'un morceau de glace
dont personne n'aurait donné deux sous, c'est le morceau de glace qui a gagné. Les journaux vous auront
donné tous les détails : mais ici, où les transatlantiques
jouent un rôle important, elle a fait une encore plus
grosse sensation, d'autant plus qu'il y avait pas mal de
Montréalais et de Canadiens à bord.

Car le Saint-Laurent n'a pas encore consenti à
s'apercevoir que le printemps était venu, et il est toujours superbement gelé d'une rive à l'autre. On annonce
tous les jours la débâcle pour le lendemain : mais on
l'attend encore ; aussi les bateaux devront-ils attendre le
mois prochain pour revenir ici. Entre parenthèses le bon
vieux *Virginian,* sur lequel j'ai traversé, est un des
bateaux qui se sont portés au secours du *Titanic,* mais
sont arrivés trop tard.

Le temps n'est pas désagréable, bien qu'il pleuve
quelquefois. La première pluie, après tous ces mois où il
ne tombait que de la neige quand il tombait quelque
chose, est très désagréable. Mais il y a aussi du soleil et
qui chauffe.

À ta question sur mon équipement d'hiver je dois
avouer modestement ne posséder aucune espèce de

fourrure, même du plus humble lapin. J'ai porté tout
l'hiver un bon vieux pardessus qui a des états de service,
et je n'ai jamais eu froid. Dans les villes on ne sent guère
le froid, à moins de coucher dehors. Par exemple j'ai eu
une oreille gelée : résultat net, ma beauté grecque a été
abîmée pendant deux jours par une sorte de pendant de
la dimension d'une feuille de chou et de la couleur d'une
tomate, qui était l'oreille en question. Inutile de dire
qu'il n'en reste aucune trace. (Il reste trace de l'oreille ;
pas de malentendu !)

    Amitiés à tous trois

*

Boîte 1131
Montréal

26 avril 1912.

Ma chère maman,

    (...) Ne m'abonne ni à *Excelsior*, ni à aucun autre
journal, je te prie. D'abord les journaux locaux me
renseignent à peu près sur ce qui se passe de votre côté
de l'eau ; et puis, et surtout, je compte quitter Montréal
vers la fin du mois prochain, et ne serai plus ici pour
recevoir lesdits journaux. Naturellement j'écrirai de nouveau avant mon départ, et je vous ferai savoir aussi tôt
que possible ma nouvelle résidence ; mais mes mouvements seront un peu incertains pour quelque temps, et je
me déplacerai probablement pas mal avant de m'installer
pour l'été. Ce sera pourtant quelque part dans la province de Québec.

    Le printemps est venu tout de même. Dimanche der-

nier, par exemple, il faisait un soleil éclatant ; si chaud
qu'un pardessus, même de demi-saison, eût été fort
gênant ; je me suis vautré une partie de la journée sur
l'herbe en haut de la montagne — vous avez dû voir sur
certaines cartes postales la butte qu'on décore de ce
nom, et qui est dans Montréal même — mais de là-haut
on avait une vue du Saint-Laurent sur un mille ou deux
de longueur, et ledit Saint-Laurent était encore bloqué
par les glaces d'une rive à l'autre. Aujourd'hui vendredi
il est à peu près libre, la débâcle s'étant faite, et les
premiers vapeurs vont remonter ici sous quelques jours ;
ce qui n'empêche pas que dans les coins du port se
promènent encore des petits blocs de glace de bonne
taille, et que dans les coins de pays où il y a de l'ombre,
il reste encore des plaques de neige.

L'hiver d'ici m'a bien plu, comme température, et si
l'été le vaut, dans son genre, je vote le climat du Canada
le meilleur que j'ai encore vu. (...)

*

Montréal

20 mai 1912.

Ma chère maman,

Rien de nouveau ici ; j'ai vu dans les journaux que
vous aviez eu une vague de chaleur à Paris ; ici, il ne fait
pas encore bien chaud et le temps est assez incertain. Les
feuilles commencent tout de même à se montrer, en
retard sur celles des marronniers du Luxembourg probablement. Je ne pourrai guère quitter Montréal avant le 10
juin.

Nous avons eu la visite de la délégation française, Hanotaux, Barthou, *Cormon, Gaston Deschamps*, etc. ; ils ne sont d'ailleurs pas restés longtemps et, leur programme officiel ne comportant pas de visite au 419 de la rue Saint-Hubert, nous ne nous sommes pas rencontrés. Quelques-uns d'entre eux, Bazin et Lamy, sont restés ici un peu plus longtemps, pour débiter, René Bazin tout au moins, des conférences parfaitement ineptes. (...)

*

Montréal

5 juin 1912.

Ma chère maman,
(...) Rien de nouveau ; temps très chaud par moments, jusqu'à 27 et 28, mais pas mal de pluie. Tâchez de rester tous bien et soignez-vous bien les uns les autres. Embrasse Papa pour moi.

*

Roberval

24 juin 1912.

Ma chère maman,
Tu as dû recevoir il y a quelques jours la lettre que j'avais écrite à Montréal, mais qui n'a été mise à la poste qu'à La Tuque. Me voilà aujourd'hui à Roberval, au bord du lac St-Jean. Je vais toujours faire le tour du lac et voir ce qui se passe. Seulement il me faudra avoir

recours à mes bonnes jambes de Tolède, le chemin de fer n'allant pas plus loin.

Ce coin-ci n'est plus cosmopolite comme Montréal, c'est absolument un coin de campagne française, d'ailleurs assez endormi. Le lac ayant quelque six ou sept lieues de large j'ai l'illusion d'être au bord de la mer ; voilà des vacances toutes trouvées...

Je ne peux pas encore donner d'adresse, n'en ayant pas. Dès que je serai fixé quelque part je vous aviserai. Le temps est chaud, mais orageux ; il va y avoir de la pluie, ce qui ne changera rien.

Amitiés à Papa et Poule.

*

Péribonka

13 juillet 1912.

Ma chère maman,

L'Agriculture ne manque plus de bras ! elle a les miens. Sur la ferme de l'excellent M. Bédard (Samuel) je contribue dans la mesure de mes faibles moyens au défrichement et à la culture de cette partie de la province de Québec, qui en a pas mal besoin.

Vous avez dû recevoir mes diverses cartes postales, la dernière vous donnant mon adresse ici. Au cas où vous ne l'auriez pas, je la redonne :

Poste restante

Grand Péribonka (Lac St-Jean)

Prov. de Québec, Canada.

Je doute que vous trouviez Péribonka sur les cartes. Vous n'y trouveriez peut-être même pas le lac St-Jean, qui a pourtant soixante ou quatre-vingts kilomètres de tour. La rivière Péribonka, que j'ai sous les yeux toute la journée, est bien une fois et demie large comme la Seine. Inutile de dire que je profite de mes rares loisirs pour m'y tremper pas mal.

Il a fait très chaud depuis trois semaines, mais le temps change souvent, et il vente terriblement fort.

Tu peux donc m'écrire à l'adresse ci-dessus, car j'y serai probablement quelque temps. Si tu m'envoies de temps en temps un numéro du *Temps* ou d'*Excelsior* je t'en serai reconnaissant ; mais pas trop souvent, car je suis à une dizaine de kilomètres du bureau de poste, lequel est lui-même à une journée de voiture du chemin de fer, et les lettres et journaux ne m'arriveront guère que par paquets. (...)

*

Péribonka (Lac St-Jean)
Prov. de Québec, Canada

8 août 1912.

Ma chère maman,

(...) Je continue à me livrer aux travaux agricoles (en ce moment on fait les foins) avec un zèle convenable. L'air du pays et la diète locale (soupe aux pois, crêpes au lard, etc.) me vont à merveille. Mon « patron » et sa femme me traitent avec une considération extrême. (C'est la patronne qui me coupe les cheveux.) Bref je n'ai à me plaindre de rien ; je commence même à me lever à l'heure habituelle (4 h $\frac{1}{2}$ environ) sans effort et comme une personne naturelle.

J'espère bien apprendre de vos prochaines lettres que vous êtes tous bien et que vous vous préparez à prendre vos vacances.

Tu as dû recevoir ma dernière lettre depuis quelque temps déjà. Je te demandais de m'envoyer quelques journaux par petits paquets de temps en temps (pas beaucoup, ni souvent, je n'ai guère le temps de lire). Si tu voulais m'envoyer aussi un numéro ou deux de *Je sais tout* j'en ferais des politesses après l'avoir lu aux indigènes avec qui je suis en contact.

Depuis une quinzaine le temps, qui était auparavant très chaud, a tourné à la pluie, et l'on commence ici à parler de l'automne ; pourtant je ne compte guère partir avant la fin de septembre. (...)

*

Péribonka

25 août 1912.

Ma chère maman,

(...) Je continue à couler des jours paisibles ici. La température est assez mauvaise pour août, il a gelé plusieurs fois la nuit, et l'on commence à parler de l'automne comme si on y était. Le mauvais temps a eu au moins l'avantage de réduire un peu les moustiques, maringouins, mouches noires, etc., qui nous mangeaient vivants pendant la chaleur ; ils sont la grande plaie du pays. Il y a, à défaut d'autres fruits, abondance de « bleuets » (luces) ; les bois en sont pleins, et les bois ne manquent pas ; il n'y a même que de cela. L'on ramasse donc les bleuets à pleins seaux, et l'on en fait des tartes, confitures, etc... Les canards sauvages commencent aussi à arriver ; j'ai l'espoir d'en tuer (et d'en manger) quelques-uns, et en septembre avec un peu de chance nous aurons aussi des outardes. Le « patron » qui n'est pas très habile à se servir d'un fusil, me prête volontiers le sien, dans l'espoir que je remplirai un peu le garde-manger. Je dis cela pour apaiser Papa, dont je connais le cœur tendre ; ici on ne chasse que pour se procurer de la viande. Il y a aussi des ours dans les bois tout autour de nous ; mais ils sont poltrons autant qu'on peut l'être, et l'on n'en voit jamais d'assez près pour les tuer ; ce sont les petits ours noirs du pays, qui ne sont dangereux que pour les moutons.

Naturellement la chasse ne remplit pas toutes mes journées ; il s'en faut. Je ne manque pas d'occupations ; mais elles n'ont rien d'écrasant ni de pénible. (...)

*

Péribonka (Lac St-Jean)
Qué. Canada

5 sept. 1912.

Bonne Poule,

(...) Je ne suis pas au bord de la mer, moi, mais je suis encore plus « à la campagne » que toi. C'est une campagne peu ratissée et qui ne ressemble pas du tout à un décor d'opéra-comique ; les champs ont une manière à eux de se terminer brusquement dans le bois ; et une fois dans le bois, on peut s'en aller jusqu'à la baie d'Hudson sans être incommodé par les voisins ni faire de mauvaises rencontres, à part les ours et les Indiens, qui sont également inoffensifs.

Cela n'empêche pas que nous sommes hautement civilisés ici à Péribonka. Il y a un petit bateau à vapeur qui vient au village tous les deux jours, quand l'eau est navigable. Si le bateau se mettait en grève il faudrait pour aller au chemin de fer à Roberval faire le tour par la route du tour de lac, c'est-à-dire quatre-vingts kilomètres environ.

Ce qui me plaît ici, Poule, c'est que les manières sont simples et dépourvues de toute affectation. Quand on a quelque chose dans le fond de sa tasse on le vide poliment par-dessus son épaule ; et quant aux mouches dans la soupe, il n'y a que les gens des villes, maniaques, un peu poseurs, qui les ôtent. On couche tout habillé, pour ne pas avoir la peine de faire sa toilette le matin, et on se lave à grande eau le dimanche matin. C'est tout.

La « patronne », m'entendant dire un jour en mangeant ses crêpes qu'il y avait des pays où l'on mettait des tranches de pomme dans les crêpes, m'a dit d'un air songeur : « Oh oui ! Je pense bien que dans les grands restaurants à Paris on doit vous donner des mangers pas ordinaires ! » Et un brave homme qui se trouvait là m'a raconté avec une nuance d'orgueil comme quoi il avait été un jour à Chicoutimi (la grande ville du comté) et était entré dans un restaurant pour y manger, au moins une fois dans sa vie, tout son saoul de saucisses. Il en avait mangé pour une piastre (5 francs) paraît-il... Ah, nous vivons bien ! Nous avons tué le cochon la semaine dernière, et nous avons eu du foie de cochon quatre fois en deux jours ; cette semaine c'est du boudin à raison de deux fois par jour. Ensuite ce sera du fromage de tête, et d'autres compositions succulentes.

J'arrête là pour ne pas te donner envie. (...)

*

[Roberval]

29 sept. 1912.

Ma chère maman,

(...) Depuis quinze jours je suis dans les bois au nord de Péribonka avec des ingénieurs qui explorent le tracé d'une très hypothétique et en tous cas très future ligne de chemin de fer. L'on couche sous la tente et l'on est toute la journée dans les bois, sorte de forêt demi-vierge où une promenade de quatre à cinq milles prend trois heures d'acrobaties. D'ailleurs, nous sommes très bien logés, comparativement, s'entend, et fort bien nourris, et tant que le temps est supportable c'est une vie idéale.

Je n'y étais allé que pour remplacer mon « patron », et après une semaine d'essai je me suis promptement fait engager. Cela durera tout octobre et novembre, probablement. Comme nous serons loin des villages tout le temps il y aura peut-être quelques difficultés pour la correspondance, mais continuez à m'écrire à Péribonka et je m'arrangerai pour que les lettres me parviennent.

Je suis revenu pour un jour à Roberval, d'où j'écris cette lettre, pour acheter diverses choses, couvertures, etc., indispensables sous la tente maintenant que l'automne vient. (...)

J'espère que vous serez revenus de la mer tout « ravitaillants de santé » pour parler canadien. (...)

*

[Dans les bois au nord de Péribonka.]

1er nov. 1912.

Ma chère maman,

(...) Nous nous sommes momentanément rapprochés des maisons, mais nous allons nous en éloigner de nouveau sous quelques jours pour rentrer dans le bois. Le bois par ici est à moitié bois et à moitié savane ; c'est-à-dire que quand il a plu surtout, c'est le cas, on est jusqu'au genou dans l'eau. La terre est couverte d'une couche de mousse qui a parfois plus de trois mètres d'épaisseur, et tout imprégnée d'eau ; on marche sur une énorme éponge mouillée. De temps en temps pourtant nous coupons des collines dans les « grands bois verts », qui sont plus plaisants.

Aujourd'hui jour de la Toussaint et par conséquent congé j'ai passé la journée sur le dos dans la tente, à chauffer le poêle et à lire, fumer, etc. Il neige depuis hier et si cela continue nous devrons prendre bientôt les raquettes.

Nous aurons fini vers la fin du mois et je ne sais naturellement pas encore ce que je ferai alors ni où j'irai ; mais ce ne sera pas bien loin pour le reste de l'hiver. (...)

Je suis content que vous ayez eu un beau mois de septembre ; ici quand il ne pleut pas il gèle déjà pas mal dur ; deux à trois centimètres de glace sur les cuvettes de tôle le matin ; mais j'ai suffisamment de couvertures, de bonnes bottes pour la savane, et tout va bien.

Amitiés à Papa et Marie.

P.-S. Tu peux dire à la cousine Louise que l'estimable métis Trèfle Caribou, ayant vu par hasard la photo qui la représente avec les autres cousines, a déclaré que c'était « une tannante de belle petite fille », expression canadienne qui ne vous paraît peut-être pas très claire, mais indique une admiration sans bornes.

*

Péribonka.

30 nov. 1912.

Ma chère maman,

(...) Ici l'hiver est commencé et bien commencé ; toutes les voitures d'été ont disparu depuis un mois déjà, et l'on ne voit plus que des traîneaux, car il y a déjà un bon pied de neige partout et il en tombe encore tous les jours. La rivière Péribonka s'est gelée, dégelée et regelée deux ou trois fois, et la voilà maintenant définitivement prise pour l'hiver et jusqu'en mai. Pour aller à Roberval, la station de chemin de fer la plus proche, il faut maintenant faire le tour par terre ; soit une centaine de kilomètres ; mais d'ici deux ou trois semaines le lac St-Jean sera suffisamment pris pour qu'on le traverse en traîneau, ce qui raccourcira le trajet.

Je ne suis pas fixé sur mon lieu de résidence pour le reste de l'hiver ; mais tu peux continuer à écrire ici jusqu'à nouvel ordre. (...)

Péribonka.

16 déc. 1912.

Ma chère maman,

(...) Je n'ai rien de nouveau à dire. Le froid n'est pas excessif ; ma santé continue à être tout ce que l'on peut désirer, crois-moi, même les savanes et la vie sous la tente dans la neige conservent mieux que l'existence des pauvres citadins. Pas le plus petit rhumatisme, pas la plus petite crampe d'estomac, rien n'est encore venu me dire que j'atteins maintenant l'âge auquel les sous-chefs de bureau songent à se ranger pour sauver les débris de leur constitution.

Tu me diras que voilà bien des développements sur le sujet du « moi ». Mais je sais bien que vous pensez souvent à moi et je voudrais endormir quelques-unes de vos craintes.

Pour le reste, ne crois nullement que me voilà dans les bois pour le restant de ma vie, D'ici très peu d'années, mais après quelques pérégrinations toutefois, je repasserai rue Vauquelin ; même avant si j'ai l'occasion, et les moyens, de faire le voyage avant le vrai retour. (...)

*

St-Gédéon Station
Lac St-Jean, Qué.
Can.

                              7 janvier [1913].

Ma chère maman,
    Prière de noter ma nouvelle adresse, ci-dessus. Je
suis ici pour deux ou trois mois. St-Gédéon est au sud du
lac, et par conséquent deux jours plus près de la civilisation que Péribonka. J'ai quitté cette dernière localité
fin décembre ; il doit y avoir quelques lettres et journaux
arrivés là et qui ne parviendront ici que dans deux ou
trois jours.
    Le temps est beau. N'ayant pas de thermomètre, je
ne sais pas exactement quel degré de froid il peut faire ;
mais je sais que c'est la température à laquelle il faut se
cacher soigneusement la figure quand on sort. Je suis en
effet dans les environs du 49e degré, et il fait pas mal
plus froid qu'à Montréal ; mais cela n'a rien de pénible.
(...)

                              *

Saint-Gédéon *Station*

                              9 févr. [1913].

Ma chère maman,
    (...) Le mois de janvier a été très doux ici ; il y a bien
eu quelques froids, mais c'est toujours resté dans les
environs de 15 ° ou 20 ° au-dessous. Mais février a l'air
de vouloir se venger et depuis une semaine il fait froid
pour de bon.

À part ça tout va parfaitement, si parfaitement que je n'ai guère de nouvelles à donner. J'ai suivi dans les journaux canadiens, que j'ai entre les mains de temps en temps, l'élection présidentielle, avant d'en avoir des comptes rendus plus détaillés dans les journaux que tu m'envoies, et qui ont continué à me parvenir très régulièrement, dont merci en passant. (...)

*

Kénogami
Prov. de Québec, Canada

12 fév. 1913.

Ma chère maman,

Comme suite à ma dernière lettre, annonçant que je comptais quitter St-Gédéon vers la fin du mois, je puis maintenant dire que ma prochaine adresse sera comme ci-dessus. Ce n'est qu'à une heure et demie de St-Gédéon par le chemin de fer, et par conséquent toujours dans le district du Lac St-Jean. Je retourne à St-Gédéon demain, mais serai de retour ici vers le 25 pour y rester tout au moins jusqu'au printemps. Toute correspondance, etc. peut donc être adressée à Kénogami dès la réception de cette lettre.

Kénogami n'est pas aussi sauvage que son nom indien pourrait le faire croire ; il y a là principalement une très grosse manufacture de pulpe et de papier, dans les bureaux de laquelle je vais briller de mon éclat ordinaire, jusqu'au printemps... Car l'insupportable vie de bureau devient tolérable lorsque le thermomètre reste

dans les environs de 40 ° au-dessous, comme aujour-
d'hui.

Ton ravissant thermomètre m'est parvenu ; je l'ai
laissé à St-Gédéon, mais je crains un peu pour son
existence par ces froids. Le livre n'a pas encore fait son
apparition.

Un thermomètre est d'ailleurs une chose décourageante. Le matin où le tien m'est parvenu, tout le monde
s'accordait à dire que le temps était délicieusement doux,
un vrai temps de printemps, etc... Lorsqu'il a été accroché au mur de la maison, il est promptement descendu à
25 ° au-dessous, et naturellement j'ai commencé à sentir
le froid beaucoup plus... (...)

*

Kénogami
Prov. de Québec, Can.

27 fév. [1913].

Ma chère maman,

Me voilà installé depuis quelques jours déjà à Kénogami, dans le confortable et le luxe ; mais... il se pourrait
que je m'en aille bientôt tout de même.

Jusqu'à nouvel ordre pourtant toute correspondance
devra être adressée ici.

Le temps est beau. Ton thermomètre pend dans ma
chambre ; car après expérience j'en ai fait un instrument
d'intérieur ; comme thermomètre d'extérieur il était un
peu insuffisant, parce qu'il se trouve que ce mois de
février est le plus froid de l'hiver, et que le mercure du
thermo se pelotonnait chastement dans la boule du bas et

refusait de monter sous aucun prétexte dans le tube gradué. (...)

*

Kénogami
Prov. de Qué. Can.

11 mars [1913].

Ma chère maman,

(...) Le printemps approche, pour vous. Ici, nous en parlerons dans deux mois. On n'est d'ailleurs pas pressé ; vu que la température actuelle est assez plaisante, et que la venue du printemps, paraît-il, se manifeste à Kénogami surtout par l'apparition d'une boue prodigieuse, dont nulle autre localité au monde n'a l'équivalent. Les indigènes en sont un peu fiers.

Je ne suis plus au Canada français que géographiquement, étant entouré d'Anglais et de *Yanks*. Car j'habite à l'hôtel que la Cie a fait édifier pour son personnel, hôtel somptueux d'ailleurs et infiniment confortable : chauffage central naturellement, électricité, bains partout. Aux repas, du dindon et poulet rôtis, des oranges, etc. importées directement de la Jamaïque, etc. Cela me change de Péribonka : mais j'étais tout de même plus heureux sous la tente. (...)

*

Kénogami, Qué. Can.

22 mars 1913.

Ma chère maman,

(...) Merci également de ton offre de souscription pour des fourrures. Des fourrures ! Seigneur, qu'en ferais-je ? D'abord le printemps arrive ; ensuite j'ai fait deux hivers canadiens avec un bon vieux pardessus qui avait déjà deux ou trois ans de service à Londres, et je ne m'en porte pas plus mal. Enfin des fourrures seraient terriblement encombrantes pour moi dont c'est l'ambition principale de pouvoir promener toutes mes possessions terrestres dans un sac de voyage, sinon dans mes poches. J'y suis arrivé à peu près maintenant et ce ne serait guère le moment d'augmenter ma garde-robe d'objets aussi peu indispensables.

Cela dit, je peux bien t'avouer que le bureau de poste de Kénogami est assez civilisé pour connaître l'usage des mandats. (Celui de Péribonka aussi, d'ailleurs. Ce n'était qu'une ruse habile pour me défendre contre des largesses intempestives.) Mais je n'ai besoin de rien.

Nous avons eu quelques jours de temps doux, et de la pluie, la première pluie. La neige a commencé à fondre ; mais cela n'a duré que deux jours ; le vent du Nord-Ouest a repris et aujourd'hui il fait de nouveau un temps confortable, du soleil et 15 ° au-dessous. (...)

*

Kénogami

28 mars 1913.

Ma chère maman,

Changement de domicile. À *Montréal* à partir du 1er avril. Je prendrai les mesures nécessaires pour que la correspondance déjà en route y soit expédiée. Mais à partir de la réception de ce mot, écrivez à Montréal, Poste restante.

Les papiers que je demandais dans mon billet d'il y a deux jours devront également être envoyés à Montréal.

Tout va bien, neige, neige, neige.

(...)

*

Poste Restante, Montréal

7 avril 1913.

Ma chère maman,

Me voici à Montréal depuis quelques jours déjà. Mon adresse ici est pour le moment 201 rue St-Christophe, mais continue à tout m'adresser *Poste Restante*.

J'ai laissé Kénogami encore enterré sous la neige, naturellement, et voici qu'à Montréal je trouve les trottoirs et les rues déjà déblayés, comme en été. Il fait pas mal froid et il neige encore un peu tous les jours ; mais c'est le printemps tout de même comparé à ce que c'était là-haut ; j'ai les impressions de quelqu'un qui fait un voyage dans le Midi — tout est relatif.

Rien de changé à Montréal ; j'ai retrouvé des connaissances de l'hiver dernier. Je serais bien resté un ou deux mois de plus à Kénogami, mais j'étais arrivé au mauvais moment ; on a commencé à réorganiser les choses peu à mon goût, alors j'ai pris le train. (...)

*

Montréal, 201 St-Christophe

20 avril [1913].

Ma chère maman,

Quelques lignes pour te faire savoir que tout continue à aller pour le mieux dans le meilleur des monde-(réals) possible. Ah ! Ha !

Ce matin les rues étaient couvertes de neige ; mais le soleil est venu nettoyer les trottoirs. Il fait beau, mais encore assez froid ; je ne quitterai pas Montréal avant le commencement de juin, quand la belle saison chaude sera venue pour de bon. (...)

*

Montréal

26 avril 1913.

Bonne poule,

(...) Le manuscrit [*Monsieur Ripois et la Némésis*] que tu m'as envoyé m'est bien parvenu, et en parfait état. Merci. Non ! Il ne paraîtra pas ici ! Si tu connaissais le Canada français, tu n'émettrais pas de supposition aussi comique.

La dernière fois que j'ai écrit à Maman, je crois me rappeler qu'il y avait de la neige dans les rues :

aujourd'hui, et à vrai dire depuis trois jours, il fait dans les 30 ° au-dessus, tout le monde sue, souffle et s'essuie. Mais il peut neiger encore la semaine prochaine.

Tout continue à aller fort bien : santé et le reste. J'en ai encore pour cinq à six semaines de Montréal, probablement. (...)

*

Montréal

24 juin 1913

Ma chère maman,

Je pars ce soir pour l'Ouest. Mon adresse sera : « Poste Restante » *Fort William (Ontario)* pour les lettres partant de Paris pas plus tard que le 15 juillet. Ensuite :

« Poste Restante » *Winnipeg (Man.)* pour les lettres partant de Paris pas plus tard que le 1er août. Après cela je vous aviserai. Marquer toutes ces lettres dans le coin :

« *To await arrival* »

Amitiés à tous
L. HÉMON

P.-S. J'ai envoyé à votre adresse (mais à mon nom) trois paquets de papiers, comme papiers d'affaires recommandés. Mettez-les dans la malle, avec mes autres papiers, s.v.p.

L.H.

*

POSTFACE

ÉCRITS DIVERS DE LOUIS HÉMON
SUR LE QUÉBEC, 1911-1913

Mil neuf cent onze. Sir Wilfrid Laurier quitte le gouvernement fédéral. Depuis le 1er janvier, au Québec, la toute première loi linguistique rendant obligatoire le bilinguisme dans les services publics, la loi Lavergne, prend effet. Émile Nelligan est interné depuis douze ans. L'année suivante, le premier Congrès de la langue française tient ses assises à Québec, tandis qu'en Ontario, l'adoption du règlement XVII déclenche une nouvelle querelle sur les droits scolaires des Canadiens français. En Europe, la Grande Guerre se prépare.

Louis Hémon s'embarque à Liverpool, sur le *Virginian,* le 12 octobre 1911, le jour de ses trente et un ans. Il vient de vivre huit années d'un exil volontaire, à Londres, années au cours desquelles il a péniblement gagné sa vie dans des emplois précaires. Il a occupé ses loisirs à écrire des dizaines d'articles, des reportages et des nouvelles, ainsi que trois romans, et il a rencontré l'amour avec la tragédie. Il laisse derrière lui sa maîtresse devenue folle et internée à l'asile, Lydia O'Kelly, jeune Irlandaise du milieu des théâtres, et sa fille Lydia

Kathleen, âgée de deux ans et demi, qu'il a confiée à la tante de l'enfant. Il n'a sans doute pas le cœur léger, ce jeune voyageur partant à la découverte du Nouveau Monde. Peut-être espère-t-il pouvoir s'y établir plus confortablement qu'à Londres et y faire venir son enfant ; peut-être ne compte-t-il rester là que quelques années, comme il l'écrit à sa famille, pour explorer les lieux, les décrire, vivre dans une société moins étouffante que celle des « vieux pays moisis » qu'il quitte. Les hypothèses se valent, Hémon n'expliquait guère ses projets et se contentait d'en aviser ses proches au dernier moment. Ce qui est certain, c'est que le Québec n'était que son point de chute, son intention étant de pousser plus à l'ouest. Pourtant, il n'avait quitté le Québec que depuis quelques jours lorsqu'il fut tué par un train, le 8 juillet 1913, et l'immense succès de sa dernière œuvre, *Maria Chapdelaine,* l'associe pour toujours à ce pays où il vécut moins de deux ans.

Tout au long de ces vingt mois, Hémon n'a cessé d'écrire, comme il en avait l'habitude depuis des années. Dès le départ de Liverpool, il entreprend de décrire au fur et à mesure ses impressions et ses découvertes. L'ensemble des textes présentés ici a un caractère documentaire.

Au début du vingtième siècle, les voyages au long cours étaient encore limités aux classes très aisées, aux émigrants et aux amateurs d'aventures. Il s'était développé en Angleterre, en France et aux États-Unis depuis la fin du dix-neuvième siècle une littérature du voyage, de l'aventure et de l'exotisme, représentée notamment par Kipling, Zangwill, Loti ou London, et qui offrait aux lecteurs européens des tableaux des coins du monde les plus reculés. Hémon, marqué par ces auteurs — il a traduit des nouvelles de Kipling — s'engageait sans doute dans cette voie.

Quelques mois après son arrivée, le 6 février 1912, il écrit à l'éditeur Bernard Grasset, à qui il propose le manuscrit de *Monsieur Ripois et la Némésis* ; il lui offre en outre une sorte de carnet de voyage auquel il travaille :

« Suivant votre demande, je vous envoie également les premiers chapitres de ce qui pourrait être un livre sur le Canada français. AU PAYS DE QUÉBEC pourrait servir de titre. Ces premiers chapitres sont mal venus, me déplaisent, et demanderaient à être remaniés en tout cas[1]. »

L'éditeur ne se montrant pas très intéressé, Hémon n'y revient pas. Cependant, il en publie un chapitre, « Dans les rues de Québec », sous forme d'article dans le journal parisien *La Patrie,* sous le titre : « Québec, ville française ». Le carnet de voyage, quant à lui, ne paraîtra qu'en 1924, à la suite du triomphe de *Maria Chapdelaine*[2]. Bien que la traduction anglaise parue à New York la même année présente ce texte comme un journal[3], celui-ci n'a rien d'un écrit intime. Pour le bénéfice de lecteurs européens, l'auteur décrit sa traversée, puis la ville de Québec, et enfin le voyage en train jusqu'à Montréal. Rédigées dans les toutes premières semaines de son séjour au Québec, ces notes montrent la finesse d'un observateur perspicace et attentif. Dès son arrivée, le français des Québécois retient son attention et si les mots ou les tournures lui semblent quelquefois étranges par leur archaïsme, ou par l'influence anglaise qu'ils trahissent, l'auteur ne les dénigre pas. Il les intégrera plutôt naturellement dans son « récit du Canada français », comme autant d'éléments descriptifs propres à préciser ses tableaux, et cela, sans les guillemets qui les ostracisent dès la première parution de *Maria Chapdelaine*[4].

Hémon, lorsqu'il arrive au Québec, vient de passer plus de huit ans à Londres, et le caractère français de Québec et de ses habitants le frappe avant toute chose. Le peu de cas que les immigrants arrivant d'Angleterre font du Canada français le choque ; lui, pour sa part, se montre extrêmement intrigué par la persistance, voire l'obstination, des Canadiens français à conserver leur culture, et il déclare superficielles, tout compte fait, les traces de l'influence anglo-saxonne.

Montréal l'intéresse nettement moins. C'est à ses yeux une ville trop semblable à celles de l'Europe qu'il vient de quitter, comme il l'écrit dans sa correspondance. S'il parvient à y gagner sa vie tant bien que mal, il n'y trouve que de petits emplois temporaires et, surtout, il ne parvient à entrer dans aucun des journaux auxquels il offre ses services, ainsi qu'en témoignera plus tard son ami Jacques de Marcillac[5]. Les quatre articles de *La Presse,* signés « Ambulator », semblent avoir été les seuls que Hémon ait pu faire accepter. Ces textes, publiés dès son arrivée à Montréal, forment une espèce de sermon aux Canadiens français sur les vertus des sports et l'argumentation qu'il y développe tend à montrer qu'une race sportive ne peut être méprisée ni dominée. La position inférieure des Canadiens français dans la société de cette époque ne lui avait manifestement pas échappé. S'il s'appuie sur les rivalités nationales, pour encourager ses lecteurs, il se désole du peu d'enthousiasme que montrent les Français pour l'activité physique. La supériorité hautaine des Anglais l'enrage, et même s'il doit reconnaître leur avance en matière de sport, il ne l'admet pas sans de cuisants regrets. Il écrivait, depuis 1904, pour des journaux sportifs français, et ses articles de *La Presse* sont en somme le prolongement du discours qu'il tenait à ses compatriotes depuis cette époque. Aussi est-ce avec une ironie assez féroce qu'il décrit aux lecteurs de *L'Auto* les activités des clubs de raquetteurs de Montréal, bien plus portés sur la parade et les soirées de bombance que sur l'activité sportive qui justifie leur existence. Tout de même, dans un autre article, il reconnaîtra les réelles qualités sportives des participants aux courses en raquettes du Mont-Royal.

Après un hiver, au cours duquel il se familiarise avec le climat canadien qu'il déclare très sain, Hémon quitte Montréal en juin 1912 pour le Lac-Saint-Jean. Il passe d'abord quelques semaines à Roberval, puis s'établit à Péribonka, dans la ferme de Samuel Bédard, où il travaille en qualité de garçon de ferme. Fin septembre, pendant quelques semaines, il remplace son patron et accompagne une équipe d'arpenteurs dans les bois au nord de Péribonka. Ce séjour de six mois parmi les défricheurs et les « hommes du bois » lui fournira toute la matière de *Maria Chapdelaine* et des trois derniers textes expédiés à *L'Auto*. Il s'agit de reportages sur les conditions d'existence des hommes qui travaillent dans la forêt, bien que *Le Fusil à cartouche* ait plutôt le caractère d'une brève nouvelle. Hémon y dépeint non sans raillerie les bûcherons et les ouvriers de chantier. L'ironie est partout présente dans l'œuvre de Hémon, une ironie un peu désespérée, et rares sont ceux de ses personnages qui y échappent tout à fait. Plusieurs d'entre eux, dans ses œuvres londoniennes comme dans celles qu'il écrivit au Québec, sont des êtres incapables de comprendre autrement que d'instinct le monde où ils vivent. Ignorants, simples et naïfs, ils sont immédiatement subjugués par quiconque est plus instruit ou plus riche. Si certains ont des instincts de révolte, la plupart sont passifs, acceptent leur sort sans résistance, et contribuent ainsi à leur propre malheur. Tous se croient plus ou moins le jouet de forces obscures contre lesquelles ils ne peuvent rien. Par rapport aux prolétaires londoniens, toutefois, les bûcherons québécois paraissent moins désavantagés par leur ignorance et leur naïveté. L'auteur s'en amuse, mais admire leur résistance physique aux rudes conditions de vie et leur capacité à survivre dans une nature qui lui paraît très hostile. En outre, la pauvreté lui semble bien moins déshumanisante dans ces régions de colonisation que dans les capitales européennes. Pour Hémon, il est sûrement préférable de devoir lutter contre la nature, si impitoyable soit-elle, que d'affronter une mécanique sociale aveugle qui écrase brutalement ceux-là mêmes qui la font tourner. Hémon, éternel étranger, discernait nettement la force des conditionnements sociaux à l'œuvre dans toute société. À Londres, il voit l'apparente immuabilité de la société de classes, solidement fondée sur les préjugés de chacun, renforcée par le discours de résignation des

Églises et à peine égratignée par une idéologie socialiste anémique. Au Canada français, c'est la farouche volonté de conservation des valeurs du passé qui le frappe, et s'il entend les cloches de Québec assener « C'est ainsi... c'est ainsi... c'est ainsi[6]... », il sait bien que ce conservatisme est voulu par le clergé et par la bourgeoisie, au nom des valeurs culturelles, certes, mais pour la perpétuation de leur propre pouvoir aussi.

Au mois de janvier 1913, jugeant la vie dans les bois trop rude en plein hiver, Hémon se résigne à prendre un emploi de bureau. Il travaille pour une compagnie papetière à Kénogami et y écrit son célèbre roman qu'il dactylographie à Montréal où il rentre en avril. Quelques mois plus tard, fin juin, il reprend la route avec l'intention d'aller faire les moissons dans les grandes exploitations agricoles de l'Ouest canadien. Mais la route de ce marcheur infatigable, poursuivant toujours plus avant sa quête, s'interrompt brutalement sur la voie du train transcontinental, le 8 juillet 1913.

Louis Hémon était un homme discret, presque secret. Il avait quitté sa famille et son pays à l'âge de vingt-deux ans, pour échapper sans doute à l'existence bourgeoise et rangée à laquelle tout le destinait. Il n'avait pourtant pas coupé les ponts avec les siens et il leur écrivait régulièrement. Cependant, sur la vie qu'il menait à Londres et au Québec, sur son travail d'écrivain et sur ses projets, il restait laconique, se contentant de rassurer sa mère sur son état de santé et sa situation financière. Nous n'avons retenu de cette correspondance que les extraits des lettres de Hémon qui concernent sa vie au Québec et les impressions qu'il en tire[7]. Le ton en est souvent ironique, voire badin, ton qu'il avait adopté depuis des années et qui lui permettait de masquer ses difficultés et ses inquiétudes. Hémon avait une autre correspondance avec Jacques de Marcillac, qu'il avait connu à Londres. Malheureusement, celle-ci fut détruite lors d'un incendie. Marcillac a tout de même laissé entendre, dans quelques témoignages au cours des ans, que la vie de Hémon, à Montréal du moins, avait été plutôt difficile, et son humeur moins enjouée que les lettres aux siens le laissent supposer[8].

Quoi qu'il en soit, on sent à travers les lettres à sa mère et à sa sœur que Hémon, lassé des villes et des emplois de bureau, appréciait la vie dure, dégagée des conventions, qu'on menait dans les régions de colonisation. Il ne paraît pas trop rebuté, même s'il s'en amuse, par la rudesse des manières paysannes et se montre bien davantage agacé par les prétentions culturelles de Montréal, ses journaux et ses théâtres notamment. Il indique d'ailleurs très clairement à sa sœur qu'il n'a aucune intention de publier *Monsieur Ripois et la Némésis* au Québec, ce roman étant vraisemblablement trop scabreux pour la très catholique société canadienne-française de 1913, sans parler de l'état de l'édition montréalaise à cette époque. Cette correspondance complète l'ensemble des textes de Louis Hémon sur le Québec. Hémon, en observateur subtil et lucide, savait qu'il saisissait le portrait d'une société archaïsante, juste avant qu'elle ne bascule dans le modernisme, malgré ses résistances, et que l'urbanisation et l'industrialisation ne la ménageraient pas beaucoup plus longtemps. Ce qu'il ignorait, en revanche, c'est que son œuvre servirait à ceux qui voulaient retarder ces transformations. Il est utile, aujourd'hui, d'avoir un regard plus objectif sur cette époque, sur Louis Hémon et sur *Maria Chapdelaine,* et nous souhaitons que le présent recueil y contribue.

Méthode de l'édition critique

Pour tous les textes présentés ici, il n'existe qu'un seul manuscrit original, celui d'*Itinéraire.* Le texte des articles de *La Presse* et de *L'Auto* a été établi à partir des premières parutions. Pour éviter de surcharger les notes critiques, nous n'avons relevé les variantes que d'une ou deux autres éditions. Le texte des lettres de Louis Hémon a été établi par Nicole Deschamps à partir des originaux conservés aux archives de l'Université de Montréal, fonds Hémon.

Le manuscrit d'*Itinéraire* a été dactylographié par Hémon, et expédié à Bernard Grasset qui a dû l'utiliser pour la première parution dans *Demain* et pour son propre tirage limité de 1927. Il contient quelques corrections à la main. On trouvera le détail et la description des versions qui ont servi à la présente édition en tête des notes critiques concernant chaque texte. Nous n'avons apporté aux textes de base que des corrections orthographiques ou de ponctuation indispensables. Ces corrections ne sont pas signalées. Quand d'autres types de corrections furent nécessaires à l'intelligibilité du texte, nous les avons signalées dans les notes par un astérisque.

En dernier lieu, je tiens à rendre hommage à mon amie et collègue Ghislaine Legendre disparue prématurément, il y a quelques années. J'ai repris son travail là ou elle l'avait laissé et j'ai tâché de toujours respecter ses méthodes et ses intentions. J'ai voulu exprimer ainsi ma reconnaissance pour l'attention et l'amitié qu'elle m'a toujours accordées. Je remercie en outre vivement Nicole Deschamps dont les conseils m'ont été du plus précieux secours.

C. B.

Notes

1. Lettre de L. Hémon à B. Grasset, datée du 6 février 1912, Archives de l'Université de Montéal, fonds Hémon.
2. L. Hémon, « À la recherche de *Maria Chapdelaine* », *Demain*, n° 2, mai 1924, p. 133-170.
3. *The Journal of Louis Hémon*, traduction de William Aspenwall Bradley, McMillan, New York, 1924.
4. Dans l'édition critique de *Maria Chapdelaine, récit du Canada français*, préparée par Ghislaine Legendre, Boréal 1980, ces guillemets sont supprimés, conformément au manuscrit.
5. Jacques de Marcillac, « Louis Hémon, le père de Maria Chapdelaine est mort (de pauvreté) sous un train et reste à découvrir après avoir conquis la gloire. », *Samedi soir*, 18 novembre 1950.
6. Voir *Itinéraire*, p. 32, infra.
7. Pour l'ensemble de cette correspondance, voir L. Hémon, *Lettres à sa famille*, établies et présentées par Nicole Deschamps, Les Éditions du Boréal Express, 1980.
8. Jacques de Marcillac, *op. cit.* ; Audrey Freeman, « Le Canada de Louis Hémon et sa destinée littéraire », thèse de doctorat, Sorbonne, Paris 1951.

CHRONOLOGIE

1880 12 octobre, à Brest, naissance de Louis Hémon, fils de Félix Hémon (Quimper 30 sept. 1848 - Paris 10 nov. 1916) et de Louise Le Breton (Pleyben 28 oct. 1851 - Paris 1945). Troisième enfant du couple, Louis a un frère, Félix, âgé de 5 ans, et une sœur, Marie, âgée de 3 ans.

1882 Félix Hémon (père) est nommé à Paris. Il enseigne aux lycées Charlemagne et Louis-le-Grand. La famille s'installe à Paris, mais retournera en Bretagne chaque été pour les vacances.

1892 Louis commence ses études secondaires au lycée Montaigne.

1895 Félix Hémon (père) est nommé Inspecteur de l'Académie de Paris.

1896 Louis étudie au lycée Louis-le-Grand. Il passe avec dispense la 1re partie du baccalauréat. Il s'initie aux sports.

1897 Deuxième partie du baccalauréat. Entrée à la faculté de Droit et étude de l'annamite à l'École des Langues Orientales.

1899 Félix Hémon est nommé chef de Cabinet d'Armand Fallières, ministre de l'Instruction publique. Premier séjour de Louis à Oxford, de juillet au 3 octobre, où il étudie l'anglais.

1900   Louis obtient sa licence de Droit. Il devient membre du Racing Club de France (athlétisme) et du Club Basse-Seine (aviron) dont il restera membre jusqu'en 1905.

1901   Concours d'entrée à l'École Coloniale. Admis dans la section africaine et déçu de ne pas avoir été admis pour l'Asie, il donne sa démission. Deuxième séjour à Oxford, du 13 août à l'automne.Voyage à Folkestone, 1er octobre. Service militaire à Chartres du 15 novembre 1901 au 19 septembre 1902.

1902   30 avril. Mort du frère aîné de Louis, Félix, à l'âge de 27 ans. Félix Hémon revenait tout juste de Chine où il était commissaire de la Marine. Le 19 septembre, Louis termine son service militaire. Il écrit sa première nouvelle, « La Rivière », qu'il présente au concours du *Vélo*. Le 13 novembre, départ pour Oxford. En décembre, Louis s'installe à Londres où il vivra jusqu'à son départ pour le Canada en 1911.

1903   Il prend des cours de sténographie et vit des subsides familiaux. Il obtient le prix d'honneur du *Vélo* pour « La Rivière ». Félix Hémon est nommé Inspecteur général de l'Instruction publique.

1904   Le 1er janvier, parution dans *Le Vélo* de son premier article. Louis devient membre du Polytechnic Boxing Club, du London Rowing

Club et des Polytechnic Harriers (culture physique et cross anglais). Il devient collaborateur
régulier au *Vélo* qui prendra le nom de *Journal
de l'Automobile* en novembre 1904, puis celui
de *L'Auto* en 1906. En août, Hémon rentre en
France pour une reprise de 28 jours du service
militaire.

1905   Louis travaille chez Riley & Co., 88 Bishopsgate
        Street, et poursuit sa collaboration au *Journal de
        l'Automobile*.

1906   Louis obtient le 2e prix du concours, catégorie
        contes d'observation satirique, d'une valeur de
        500 francs, offert par *Le Journal* pour sa nou-
        velle « La Foire aux vérités », qui sera publiée à
        l'automne. En octobre, il travaille pour la
        Compagnie Algérienne de Phosphates, agence à
        Londres, 28/31 St. Swithin's Lane E. C.

1907   Juin, mort de sa tante Louise Buzaré qui lui
        laisse un petit héritage d'environ 5000 francs.
        Séjour de deux ou trois semaines l'été avec sa
        famille, en Bretagne probablement.

1908   Publication du 3 au 8 mars dans *Le Temps* de sa
        nouvelle « Lizzie Blakeston ». Il soumet *Colin-
        Maillard* au *Temps* qui le refuse. Il fait probable-
        ment à cette époque la rencontre de Lydia
        O'Kelley.

1909   Le 12 avril, naissance de sa fille Lydia Kathleen.
        La mère de l'enfant, Lydia O'Kelley, sera par la
        suite internée pour troubles mentaux à l'asile de
        Hanwell. En novembre, Hémon fait de nouveau

appel aux subsides familiaux. Il travaille probablement à *Battling Malone*. Peu d'articles paraissent dans *L'Auto*.

1910   Louis publie plus régulièrement dans *L'Auto* et
fait paraître quelques nouvelles dans la revue
Force. Il travaille comme agent pour G. Collan-
tier, 50 Harrington St., London N. W. jusqu'à la
fin août. Probablement à cette époque, il est
également représentant de commerce pour un
industriel lyonnais qui fabrique des becs à incan-
descence et pour un fabricant de peinture-émail.
Il écrit *Monsieur Ripois et la Némésis* avant
octobre 1911.

1911   Séjours à Margate, station balnéaire du sud de
l'Angleterre, chez son ami Jacques de Marcillac
en mai et juin. Hémon aurait soumis sa nouvelle
« La Belle que voilà » qui est refusée.

Il s'embarque le 12 octobre à Liverpool sur le
Virginian. Arrivée à Québec le 18 octobre, et à
Montréal vers le 20 octobre. Il propose en vain
ses services aux journaux de Montréal, mais fait
accepter quelques articles à *La Presse*, qu'il
signe du pseudonyme d'« Ambulator ». Il ne
trouve que des emplois temporaires. Il avait
soumis avant son départ d'Angleterre *M. Ripois
et la Némésis* à Bernard Grasset qui refuse de
l'éditer sans la participation financière de l'auteur. Hémon, n'ayant pas de ressources suffi-
santes, fait expédier le manuscrit à Jacques de
Marcillac.

1912   Hiver à Montréal. Hémon poursuit sa collaboration à *L'Auto*. Il publie également « Québec, ville française » dans le journal parisien *La Patrie*. Arrivée à Roberval fin juin. Arrivée à Péribonka à la mi-juillet. Il travaille comme garçon de ferme et vit chez Samuel Bédard. Fin septembre, pendant quelques semaines, il travaille comme arpenteur dans les bois au nord de Péribonka.

1913   Jugeant la vie dans les bois trop dure en plein hiver, Hémon cherche dans la région du Lac-Saint-Jean un emploi de bureau. En janvier, il est à Saint-Gédéon, puis en février à Kénogami, où il travaille pour Price Brothers, une compagnie papetière. Il y rédige *Maria Chapdelaine*. Il se fait expédier par sa sœur une copie du manuscrit de *Monsieur Ripois et la Némésis*. Le 1er avril, il est de retour à Montréal. Il travaille pour Lewis Brothers, marchands en gros, comme traducteur. Il dactylographie *Maria Chapdelaine* chez Lewis Brothers. Le 26 juin, il quitte Montréal à pied, comptant se rendre dans l'Ouest faire les moissons. Le 8 juillet à 19 heures 20, il est renversé par une locomotive du Canadian Pacific Railways, à Chapleau, dans le nord de l'Ontario ; il était en compagnie de Harold Jackson qui est tué lui aussi. La sœur de Louis Hémon, Marie, adopte sa fille Lydia Kathleen. Le roman *M. Ripois et la Némésis,* envoyé au printemps par Hémon au concours Stendhal de la *Revue Critique*, ne gagne pas de prix. Son dernier article, « Driving », paraît en août dans *L'Auto*.

1914   *Maria Chapdelaine* est publié en feuilleton du 27 janvier au 19 février dans *Le Temps,* journal auquel Hémon avait expédié le texte avant son départ de Montréal.

1916   Grâce aux efforts de Louvigny de Montigny et du père de Louis, Félix Hémon, *Maria Chapdelaine* paraît en volume chez J.-A. LeFèvre à Montréal. Le 10 novembre, mort de Félix Hémon.

1921   Daniel Halévy, directeur de la collection Les Cahiers verts chez Bernard Grasset choisit *Maria Chapdelaine* pour inaugurer sa collection. Le roman connaît un immense succès, et à partir de cette date, sera traduit en une vingtaine de langues, reparaîtra de nombreuses fois en feuilleton et deviendra un best-seller mondial.

1923   Bernard Grasset entreprend la publication des œuvres inédites de Louis Hémon. Il commence par un recueil de nouvelles, *La Belle que voilà.*

1924   *The Journal of Louis Hémon,* traduction de William Aspenwall Bradley, MacMillan, New York.

        « À la recherche de Maria Chapdelaine » *(Itinéraire), Demain*, n° 2, mai, Paris.

        Colin-Maillard, Bernard Grasset, Paris.

1925   *Battling Malone*, Bernard Grasset, Paris.

Monsieur Ripois and Nemesis, trad. de William Aspenwall Bradley, MacMillan, New York.

1926 Tirage limité à 50 exemplaires de *Monsieur Ripois et la Némésis,* Bernard Grasset, Paris. Marie Hémon refuse d'autoriser Grasset à publier ce roman, craignant la réaction du public canadien.

1927 Tirage limité à 25 exemplaires hors commerce de *Itinéraire*, Bernard Grasset, Paris.

1950 *Monsieur Ripois et la Némésis* paraît en feuilleton dans *Samedi-Soir.* Jacques de Marcillac, directeur du journal, publie en présentation un article évoquant le souvenir de Hémon.

Monsieur Ripois et la Némésis, Bernard Grasset, Paris.

1980 *Maria Chapdelaine, récit du Canada français*, édition critique de Ghislaine Legendre et Nicole Deschamps, Les Éditions du Boréal, Montréal.

Lettres à sa famille, présentées et établies par Nicole Deschamps, Boréal Express, Montréal.

1982 *Récits sportifs*, Éditions du Royaume, Alma.

1985 *Itinéraire de Liverpool à Québec,* Calligrammes, Centre culturel quimpérois, Quimper.

1991 *Nouvelles londoniennes,* Le Castor Astral, Paris.

DESCRIPTION DES TEXTES
UTILISÉS ET NOTES CRITIQUES

Itinéraire

Texte de base : Manuscrit dactylographié de 40 feuillets, divisé en quatre chapitres. Quelques corrections à la main.

P : Deuxième partie du 1er chapitre, parue dans le journal parisien *La Patrie,* 2 janvier 1912, sous le titre « La France d'outre-mer, Québec, ville française ».

G : Édition à tirage très limité, Grasset, Paris 1927, sous le titre *Itinéraire.*

S : Texte paru dans *Le Bouclier canadien-français,* de Jean-Louis Dalbis, éditions Spes, Paris 1928, sous le titre « Au pays de Québec ».

Ce texte est également paru dans la revue *Demain* sous le titre « Au pays de Québec », n° 2, mai 1924 et sous le titre *Itinéraire de Liverpool à Québec* aux éditions Calligrammes, Centre culturel quimpérois, Quimper 1985. Ces versions étant conformes à l'édition

Grasset, les variantes n'en ont pas été retenues. La version de *La Patrie* a été reprise sous le titre « Québec, ville française. Impressions d'un voyageur » dans le *Bulletin de la Société de Géographie du Québec*, vol. 11, n° 5, Québec, septembre-octobre 1917.

Itinéraire

Notes critiques

13 *L'édition Grasset intervertit le premier et le dernier chapitre* " De Liverpool à Québec " *et* " De Québec à Montréal ". *Nous rétablissons l'ordre logique, suivant en cela* L. J. Dalbis (S.) — **14** il est bon de se ménager quelques semaines pour aviser *(ms. 1, l. 21)]* arriver *S. 226.* — cet hiver canadien qu'on s'imagine si redoutable *(ms. 1, l. 23)]* canadien *omis G. 62.* — taquinent un œuf ou une assiette de gruau *(ms. 2, l. 5)]* assiettée *G. 63, S. 226.* — **15** Combien d'argent a-t-il dans sa poche *(ms. 2, l. 18)]* peut-il avoir en poche *G. 64, S. 227.* — Combien de temps pourra-t-il attendre, s'il faut attendre *(ms. 2, l. 19)]* s'il faut attendre *segment omis S. 227.* — * à moitié en rival] en rivaux *(ms. 2, l. 21)* Corr. *G. 64, S. 227.* — Aussi tel d'entre eux *(ms. 3, l. 4)]* Ainsi *S. 228.* — qui a pu s'équiper complètement *(ms. 3, l. 4-5)]* amplement *G. 65, S. 228.* — C'est la mauvaise saison ... » *(ms. 3, l. 11-12)]* C'est la mauvaise saison ... la mauvaise saison ... *G. 66, S. 228.* — **16** silhouette contemplée si souvent sur les cartes qu'elle se matérialise *corr. de l'auteur (ms. 4, l. 9)]* qu'elle se situalise *G. 67, S. 229.* — **17** pour vivre leur vie *(ms. 4, l. 22)]* pour leur vie *G. 68, S. 230.* — **18** l'éternelle leçon d'humilité *(ms. 6, l. 5)]* de l'humilité *S. 231.* — **19** l'avant-poste du continent vers lequel nous allions *(ms. 7, l. 9)]* allons *G. 73, S. 233.* — **20** et je crois bien que cela serait *(ms. 7, l. 11)]* ce serait *G. 74, S. 233.* — le pays où

l'on va tenter sa fortune *corr. de l'auteur (ms. 7, l. 14)]* porter
G. *74, S. 233.* — **21** et non plus l'aspect primitif *(ms. 8, l. 12)]*
et non l'aspect G. *76.* — **22** semées dans les recoins les moins
incléments *(ms. 9, l. 21)]* les moins *omis S. 236.* — la roche
se montre parfois *(ms. 9, l. 26)]* le rocher G. *79, S. 236.* —
24 *chap. II paru sous le titre :* " Québec, ville française ", *la
Patrie* (P.), *texte précédé de :* Un de nos compatriotes nous
adresse les impressions suivantes, qu'il a rapportées d'un
récent voyage au Canada : — sorte d'entrée monumentale,
s'ouvrant *(ms. chap. II, p. 1, l. 5)]* porte d'entrée *P.* porte
d'entrée monumentale s'ouvrant G. *82, S. 238.* — Oh ! Cinq
jours de chemin de fer environ *(ms. chap. II, p. 1, l. 13)]* Oh !
Trois ou quatre jours *P.*— Calgary ! – Edmonton ! – Vancouver ! *(ms. chap. II, p. 1, l. 14)]* Toronto ! Edmonton !
Vancouver ! *P.* — là où il n'y avait pas cinq huttes *(ms. chap.
II, p. 1, l. 20)]* il n'y avait que cinq huttes G. *83, S. 239.* —
25 Cent mines déjà prêtes *(ms. chap. II, p. 1, l. 22)]* Cent *omis
P.* — des clochers s'élèvent çà et là parmi les toits *(ms. chap.
II, p. 1, l. 27)]* s'élèvent nombreux parmi *P.* — des portefaix
(ms. chap. II, p. 1, l. 28)] les *P.* G. *84, S. 239.* — montrent
sous les feutres mous des Américains *(ms. chap. II, p. 2, l. 1)*
sous des feutres mous semblables à ceux des Américains *P.* —
et regardent tout cela *(ms. chap. II, p. 2, l. 3)]* regardant *P.*—
enclave étrangère. *(ms. chap. II, p. 2, l. 13)]* suivi de
l'intertitre :* Une race féconde *P.*— Mais ce train *(ms. chap. II,
p. 2, l. 14)]* le *P.* — que leur navire aura déjà *(ms. chap. II,
p. 2, l. 15)]* a déjà *P.*— territoire qui vont *correction de
l'auteur (ms. chap. II, p. 2, l. 17)]* qui s'étendent *P.*, G. *85, S.
240.* — **26** française plus qu'à moitié *(ms. chap. II, p. 2, l. 21)]*
pour les deux tiers *P.* — il retrouvera à travers *(ms. chap. II,
p. 2, l. 21)]* trouvera S. *240.* — résistance à tout changement
(ms. chap. II, p. 2, l. 27)] résistance à toutes les influences
extérieures *P.* — aussi bien à ceux qui américanisent qu'à
ceux qui anglicisent *(ms. chap. II, p. 2, l. 28)]* anglicanisent

G. 86, S. 240 à celles qui américanisent aussi bien qu'à celles qui anglicisent *P.* — les rues étroites et tortueuses *(ms. chap. II, p. 3, l. 10)]* et *omis G. 87* — qui sillonnent les rues et rappellent *(ms. chap. II, p. 3, l. 15-16)]* qui sillonnent les rues avec lesquelles elles s'harmonisent et rappellent *P.* — véhicules désuets qui agonisent encore sur les pavés de petites sous-préfectures *(ms. chap. II, p. 3, l. 16-17)]* qui poursuivent leur interminable agonie sur les pavés de telle petite sous-préfecture ; *suivi de l'intertitre :* Emouvante impression *P.* — **27** rue Sous-le-Fort *(ms. chap. II, p. 3, l. 19)]* rue *omis P. G. 87, S. 241.* — et il se souvient tout à coup avec un sursaut *(ms. chap. II, p. 3, l. 19)]* et c'est avec un sursaut qu'il se souvient tout à coup *P.*— qu'il se trouve au cœur *(ms. chap. II, p. 3, l. 23)]* au seuil *P.* — un détail de toilette ou de maintien fait naître à chaque instant en lui un sens aigu de la parenté *(ms. chap. II, p. 3, l. 27-29)]* fait à chaque instant naître en lui un sens aigu de parenté *G. 88, S. 242.* — un détail de maintien ou de costume fait à chaque instant naître en lui un sens aigu de parenté. *P.* — est une reconnaissance *(ms. chap. II, p. 4, l. 1)]* c'est *P.* — dont elle était issue *(ms. chap. II, p. 4, l. 3)]* est *P.* — ou de dégénérer *(ms. chap. II, p. 4, l. 5)]* de céder *P.*— anglais, hongrois, scandinaves *(ms. chap. II, p. 4, l. 8)]* anglais, galiciens, scandinaves *P.*— peuvent arriver à la file dans le Saint-Laurent *(ms. chap. II, p. 4, l. 9)]* peuvent passer par le Saint-Laurent *P.* — ce pays qui lui appartient *(ms. chap. II, p. 4, l. 11-12)]* qui lui est soumis *P.*— * Les plaines du Manitoba, de la Saskatchewan] du Saskatchewan *(ms. chap. II, p. 4, l. 12*) ; *P., G. 89, S. 242. nous corrigeons* — et de l'Alberta *(ms. chap. II, p. 4, l. 12)]* et *omis P.* — **28** les hordes barbares *(ms. chap. II, p. 4, l. 17)]* hordes étrangères *P.* — rien au monde ne pourra *(ms. chap. II, p. 4, l. 19)]* monde, soit venant du dedans du Canada, soit du dehors *P.*— le jardin à la française *(ms. chap. II, p. 4, l. 19),* le beau jardin *P.* — **29** des villes anciennes et grandes *(ms. chap. III, p. 1, l. 18)]* anciennement grandes *G. 20, S. 246.* — dont le flanc reste sur quelque distance *(ms. chap. III, p. 2, l. 7)]* à quelque *G. 21, S. 247.* — **30** On devine *(ms. chap. III, p. 2, l. 15)]* L'on *G. 22, S. 247.* — **31** d'avoir l'air important et affairé, ces vapeurs *(ms. chap. III, p. 3, l. 23)]* affairé des vapeurs *G. 24, S. 249.* — s'éteignait pour s'élever de nouveau *(ms. chap. III, p. 4, l. 8)]* s'éteignant *G. 25, S. 249.* — **32** qu'une répétition persistante *(ms. chap. III, p. 4, l. 13)]* répétition têtue, une leçon ressassée sans fin avec solennité, une affirmation persistante *G. 26, S. 250.* —rien appris ni rien oublié *(ms. chap. III, p. 5, l. 8)]* et rien oublié *G. 28, S. 251.* — **34** Toronto, différente de race *(ms. chap. III, p. 2, l. 3-4)]* Toronto, qui est, elle, différente *G. 31, S. 255.* — **35** leurs chapeaux ronds de feutre mou et de forme américaine *(ms. chap. IV, p. 3, l. 7)]* et *omis G. 33, S. 256.* — **36** vie américaine greffée sur la vieille souche française *(ms. chap. IV, p. 3, l. 17-18)] segment omis G. 34.* — qui ont passé là leurs premières heures *(ms. chap. IV, p. 4, l. 1)]* là *omis G. 35.* — **37** Et tout de suite *(ms. chap. IV, p. 4, l. 13)]* tout *omis G. 36, S. 258.* — cette obligeance démonstrative *(ms. chap. IV, p. 4, l. 16)]* obligeante *S. 258.* — à moitié comme une vertu *(ms. chap. IV, p. 4, l. 18)]* une *omis S. 258.* —* une institution purement québécoise *]* québecquoise *(ms. chap. IV, p. 4, l. 24), S. 258* québecquaise *G. 37. nous corrigeons* — **38** qui à l'automne ressemblent souvent à des fondrières *(ms. chap. IV, p. 5, l. 12)]* souvent *omis G. 38, S. 259.* — « Par ici pour l'élévateur », qui escalade *(ms. chap. IV, p. 5, l. 23)]* pour l'élévateur ». Et l'on voit au loin « l'élévateur » qui escalade *G. 39, S. 259.* — arrêté au bord d'un trottoir *(ms. chap. IV, p. 5, l. 24)]* du *G. 39, S. 259.* — la calèche ralentit, s'arrête : « C'est icitte *(ms. chap. IV, p. 5, l. 28)]* s'arrête : Le cocher dit cordialement : « C'est *G. 39, S. 260.* — **39** où deux modes de voir *(ms. chap. IV, p. 6, l. 8)]* de vie *G. 40* de la vie *S. 260.* — Les rues de Québec *(ms. chap. IV, p. 6, l. 9)]* Dans les rues

G. 40, S. 260. — les scieries à vapeur *(ms. chap. IV, p. 6, l. 20)]* soieries *G. 41* — **42** en attendant que cette renaissance ne vienne *(ms. chap. IV, p. 9, l. 11)]* ne *omis S. 264* — **43** dans des rues *(ms. chap. IV, p. 10, l. 3)]* les *S. 265* — **44** c'est la plaine qui commence et la rivière *(ms. chap. IV, p. 10, l. 23)]* qui commence ; la rivière *G. 50, S. 266.* — figures familières sous les feutres bosselés *(ms. chap. IV, p. 11, l. 9-10)]* les mêmes feutres *G. 51.* — **45** On peut revenir *(ms. chap. IV, p. 12, l. 9)]* L'on *G. 53, S. 268.* — **48** mâchant un cigare, et s'installant *(ms. chap. V, p. 1, l. 5)]* s'installent *G. 7* — La différence se fait perceptible et tout à coup frappante *(ms. chap. V, p. 1, l. 13)]* tout à fait *G. 8, S. 274.* — **49** Les pays traversés, d'abord *(ms. chap. V, p. 1, l. 14)]* Le pays traversé *G. 8, S. 274.* — **50** se développent des tuyaux de chauffage *(ms. chap. V, p. 2, l. 28)]* les tuyaux *G. 11, S. 275.* — vers les longues vitres, comme si *(ms. chap. V, p. 3, l. 7)]* longues vitres continues *G. 11, S. 276.* — **51** des terres que défendent les longues saisons de neiges *(ms. chap. V, p. 4, l. 7)]* saisons de *omis G. 14, S. 277.* — **52** à songer que le train *(ms. chap. V, p. 4, l. 13)]* ce *G. 14, S. 277.* — s'en ira d'un seul galop *(ms. chap. V, p. 4, l. 14)]* d'un seul coup *G. 14* — * la Saskatchewan *]* le Saskatchewan *(ms. chap. V, p. 4, l. 18), G. 14. nous corrigeons.*

Le sport de la marche (I)

(P.) : Texte de base ; *La Presse* (Montréal), 28 octobre 1911, p. 12. Sous le pseudonyme d'Ambulator.

(R.) : *Récits sportifs*, 1982, p. 235-238.

(P.) *Au-dessous du titre* : Un article écrit spécialement pour *La Presse* et que nous recommandons fortement à nos lecteurs.

55 le costume des marcheurs *(P.)]* moniteurs *R. 235.* —
56 * un autre surveillera les genoux *]* ses genoux *P., R. 236.*
nous corrigeons — **57** Péguet, Ramogé *(P.)]* Féguet, Ramagé
R. 236. — **58** il y a eu en France *(P.)]* en *omis R. 237.* —

Le sport de la marche (II)

(P.) : Texte de base ; *La Presse*, 4 novembre 1911,
p. 12. Sous le pseudonyme d'Ambulator.
(R.) : *Récits sportifs*, 1982, p. 239-242
(P.) *Au-dessous du titre* : Deuxième article de notre
collaborateur Ambulator sur cet exercice si facile et si
hygiénique. Quelques suggestions pratiques. (Ecrit spécialement pour *La Presse*)

61 Veight *(P.)]* Vright *R. 239.* — **62** Rouen *(P.)]* Rouca *R.
239.* — qu'on se souvînt d'eux *(P.)]* souvient *R. 239.* — Se
reconnaissent-ils donc *(P.)]* considèrent *R. 240.* — **63** qui doit
répandre *(P.)]* qui répandra *R. 240.* — **64** à se déranger pour
la voir *(P.)]* les voir *R. 241.* — **66** sur quelque autre arène *(P.)]*
scène *R. 242.* —

Le sport et la race

(P.) : Texte de base ; *La Presse*, 11 novembre 1911,
p. 12. Sous le pseudonyme d'Ambulator.
(R.) : *Récits sportifs*,1982, p. 243-246.
(P.) *Sous le titre* : Résultats imprévus mais logiques des
victoires des athlètes français sur les Anglais. — Disparition de vieux préjugés. — Le sport doit être une question nationale pour les Canadiens français. Nous devons
exceller dans les jeux athlétiques pour imposer le
respect.

69 en queue de la liste *(P.)]* la *omis* R. 244. — **70** de regarder comme ses égaux *(P.)]* comme des égaux R. 245. — venaient gagner des courses *(P.)]* venaient de gagner R. 245.

Le sport et l'argent

(P.) : Texte de base ; *La Presse*, 18 novembre 1911, p. 12. Sous le pseudonyme d'Ambulator.
(R.) : *Récits sportifs*,1982, p. 247-250.
(P.) *Sous le titre* : Les sports payants et non-payants. — La boxe, la lutte et le football sont les principaux dans la première catégorie. — La marche, la course de fond, la course d'aviron et la natation ne reçoivent pas l'encouragement auquel elles ont droit. D'où leur viendra l'aide nécéssaire ?

73 Ce n'est pas tout à fait cela *(P.)]* point R. 247. — **74** qu'un journal sportif illustré *(P.)]* illustre R. 248. — **75** un sport qui attire le public *(P.)]* qu'attire R. 248. — **76** avec les gants de quatre ou huit onces *(P.)]* des gants R. 249. — **77** Ne sont-ce pas des sports excellents *(P.)]* sont-ils R. 249. — Voilà donc des sports qui ne peuvent être payants *(P.)]* ne peuvent pas R. 250. —

Routes et véhicules

(A.) : Texte de base ; *L'Auto*, 5 janvier 1912, p. 1.
(R.) : *Récits sportifs*, 1982, p. 207-209.

80 et qu'il trouve là des rues *(A.)]* qu'il se trouve R. 207. — **81** vraiment par trop dur *(A.)]* pas trop dur R. 208. —

Les Raquetteurs

(A.) : Texte de base ; *L'Auto*, 11 avril 1912, p. 1.
(F.) : Alfred Ayotte et Victor Tremblay, *L'Aventure Louis Hémon*, Montréal, Fides 1974, p. 166-168
(R.) : *Récits sportifs*, 1982, p. 211-213.

83 bien que le thermomètre marquât *(A.)]* marquait *R. 211, F. 166. —*

Une course dans la neige

(A.) : Texte de base ; *L'Auto*, 8 mai 1912, p. 1.
(R.) : *Récits sportifs*, 1982, p. 215-217.
Reproduit dans *l'Œil*, 15 janvier 1941, p. 24-25.

88 * du Cercle Paroissial de Saint-Zotique (…) saint Zotique, lui-même]
Sainte-Zotique … sainte Zotique, elle même *A.,R. 216. Nous corrigeons.*

Les Hommes du Bois

(A.) : Texte de base ; *L'Auto*, 31 août 1912, p. 1.
(F.) : Alfred Ayotte et Victor Tremblay, *L'Aventure Louis Hémon*, Montréal, Fides, 1974, p. 182-184.
(R.) : *Récits sportifs*, 1982, p. 219-221.

Le fusil à cartouche

(A.) : Texte de base ; *l'Auto*, 9 avril 1913, p. 1.
(R.) : *Récits sportifs*, p. 225-227.

Ce texte est également paru dans Alfred Ayotte et Victor Tremblay, *L'Aventure Louis Hémon*, Fides, Montréal 1974, p. 264.

98 n'est pas sans l'impressionner *(A.)]* l' *omis R. 225.* — les bûcheurs bûchent *(A.)]* bûcherons *R. 226.* — **99** le ciel pâlit entre le feuillage *(A.)]* pâlit encore *R. 226.* — des sapins et des cyprès *(A.)]* et les cyprès *R. 226.* — **100** * un écureuil qui s'agriffe *]* aggriche *A., R. 227 nous corrigeons.*

Driving

(A.) : Texte de base ; *L'Auto*, 26 août 1913, p. 1.
(R.) : *Récits sportifs*,1982, p. 229-231.

101 par l'usage d'automobiles ni même *(A)]* omis *R. 229.*

BIBLIOGRAPHIE SOMMAIRE

ŒUVRES DE LOUIS HÉMON

Maria Chapdelaine, récit du Canada français, J. A. LeFèvre,
   Montréal, 1916 ; Collection « Les Cahiers verts »,
   Bernard Grasset, Paris, 1921 ; Édition critique préparée
   par Ghyslaine Legendre et Nicole Deschamps, Boréal,
   Montréal, 1980.

Colin-Maillard, Bernard Grasset, Paris, 1924.

Battling Malone, pugiliste, Bernard Grasset, Paris, 1925.

Monsieur Ripois et la Némésis, Bernard Grasset, Paris, 1950.

La Belle que voilà, Bernard Grasset, Paris, 1923.

Itinéraire, tirage limité, Bernard Grasset, Paris, 1927 ;
   Itinéraire de Liverpool à Québec, Calligrammes, centre
   culturel quimpérois, Quimper, 1985.

Récits sportifs, Éditions du Royaume, Alma, 1982.

Nouvelles londoniennes, Le Castor Astral, Paris, 1991.

   Ces volumes réunissent la plupart des articles et nouvelles
publiés par Louis Hémon dans les journaux et revues suivants,
entre 1904 et 1913 : *Le Vélo, Le Journal de l'Automobile,
Le Temps, Force, L'Auto, La Patrie* (Paris), *La Presse*
(Montréal).

Documents

Louis Hémon, *Lettres à sa famille,* établies et présentées par Nicole Deschamps, Boréal Express, Montréal, 1980.

L'ensemble de la correspondance de Louis Hémon avec sa famille, ainsi que les manuscrits de ses œuvres et de nombreux autres documents se trouvent dans la collection des Archives de la Bibliothèque de l'Université de Montréal.

Jacques de Marcillac, « Louis Hémon, le père de Maria Chapdelaine est mort (de pauvreté) sous un train et reste à découvrir après avoir conquis la *gloire.* » *Samedi soir,* 18 novembre 1950.

Études sur Louis Hémon

René Bazin, « L'auteur de *Maria Chapdelaine* », *La Revue des Deux Mondes,* 1ᵉʳ octobre 1921.

Jean-Louis Dalbis, *Le Bouclier canadien-français,* suivi de *Au Pays de Québec* par Louis Hémon, Déom, Montréal, 1925.

Allan McAndrew, *Louis Hémon, sa vie et son œuvre,* Jouve et Cie éditeurs, Paris, 1936.

Audrey Freeman, *Le Canada de Louis Hémon et sa destinée littéraire,* thèse de doctorat, Faculté des Lettres, Université de Paris, 1951.

Louvigny de Montigny, *La revanche de Maria Chapdelaine,* Action canadienne-française, Montréal, 1937.

Damase Potvin, *Le roman d'un roman,* Quartier Latin, Québec, 1960.

Alfred Ayotte et Victor Tremblay, *L'Aventure Louis Hémon,* Fides, Montréal, 1974.

Nicole Deschamps, Raymonde Héroux, Normand Villeneuve, *Le Mythe de Maria Chapdelaine,* Les Presses de l'Université de Montréal, Montréal 1980.

TABLE DES MATIÈRES

Typographie et mise en pages :
Les Éditions du Boréal

Achevé d'imprimer en novembre 1993
sur les presses des Ateliers graphiques
Marc Veilleux à Cap-Saint-Ignace, Québec